Ra Bonewitz · Der Kosmos der Kristalle

RA BONEWITZ

DER KOSMOS DER KRISTALLE

Vom Umgang mit Mineralien,
ihren Energien und
Heilwirkungen

KÖSEL

Übersetzung aus dem Englischen: Hildegard Höhr und Theo Kierdorf, Köln.
Die Originalausgabe erschien unter dem Titel »Cosmic Crystals. Crystal Consciousness and the New Age« bei Turnstone Press/Thorsons Publishing Group Ltd., Wellingborough, Northamptonshire, England.

*Für Tara
und den Deva der Kristalle*

CIP-Kurztitelaufnahme der Deutschen Bibliothek

Bonewitz, Ra:
Der Kosmos der Kristalle : vom Umgang mit
Mineralien, ihren Energien u. Heilwirkungen /
Ra Bonewitz. [Übers. aus d. Engl.: Hildegard
Höhr u. Theo Kierdorf]. – München : Kösel,
1987.
   Einheitssacht.: Cosmic crystals ⟨dt.⟩
   ISBN 3-466-34181-7

Gesamtherstellung: Kösel, Kempten.
Umschlag: Günther Oberhauser, München, unter Verwendung des Fotos der Originalausgabe.
ISBN 3-466-34181-7

Inhalt

Einleitung

Fast das ganze zwanzigste Jahrhundert hindurch haben Wissenschaft und Religion in getrennten Häusern gewohnt und einander mißtrauisch durch die geschlossenen Vorhänge beobachtet. Doch man kann die mystische Seite des Menschen nicht einsperren, und im Körper vieler Wissenschaftler schlägt ein mystisches Herz. Mit dem Anbruch des Wassermannzeitalters ist in den letzten zwanzig Jahren das Mißtrauen auf beiden Seiten in zunehmendem Maße geschmolzen. Zwar ist ihre Beziehung zueinander noch nicht gerade innig; viele Wissenschaftler und Mystiker haben heute jedoch zumindest damit angefangen, Kontakt zueinander aufzunehmen.

Trotz der oft auftauchenden scheinbaren Konflikte zwischen Wissenschaft und Mystik suchen Wissenschaftler und Mystiker im Grunde nach der gleichen Wahrheit. Bis vor kurzem jedoch hat der Wissenschaftler die Wahrheit hinter der Form gesucht, während der Mystiker sie hinter der Essenz der Form suchte. Erst heute, insbesondere seit die jüngsten Fortschritte der Wissenschaft uns haben erkennen lassen, daß Form nur eine spezielle Anordnung von Energie ist (was die Mystiker schon seit Tausenden von Jahren wußten), entdecken wir endlich die gemeinsamen Grundlagen, die eine Verbindung zwischen beiden Bereichen ermöglichen.

Die Leser dieses Buches sind wahrscheinlich eher mystisch als wissenschaftlich interessiert. Doch vergessen wir nicht, daß wir wohl heute noch glauben würden, die Erde sei das Zentrum des Universums, wenn es die Wissenschaft nicht gäbe. Außerdem wären wir vermutlich noch sehr weit vom Bewußtsein unserer Einheit mit dem Kosmos und mit dem größeren Universum des Geistigen entfernt. Die »Wirklichkeit« ist weder ganz in der Welt des Materiellen noch in der des Geistes beheimatet, sondern sie umfaßt gleichermaßen beide Welten. Daher müssen wir in beiden nach der »Wirklichkeit« suchen, und wenn wir so vorgehen, wird die Realität, die wir entdecken, die Einheit beider Welten sein.

Als Naturwissenschaftler gewann ich einen tiefen Einblick in die Welt des Materiellen. Nach dem Erwachen meiner Spiritualität wurde es mir möglich, mich in der Welt des Geistigen zu bewegen. So hatte ich die einzigartige Chance, beide Welten und auch die Beziehungen zwischen ihnen kennenzulernen. Diese Verbindung zwischen Materie und Geist führte zur Entstehung dieses Buches.

Wir werden im Folgenden den materiellen und den esoterischen Aspekt der Kristalle vorwiegend getrennt untersuchen. Dabei sollten wir aber nicht vergessen, daß beide gemeinsam im gleichen Raum und in der gleichen Zeit existieren und daß sie einander gänzlich durchdringen.

Wir leben in einer Welt der Form wie auch des Geistes – deshalb wollen wir uns jetzt einige sehr präzise Formen anschauen und darüber nachdenken, wie es zu erklären ist, daß sie im materiellen Universum vorkommen.

1

Die Entstehung des Reiches der Mineralien

Kinder des Universums – Söhne des Kosmos – Brüder der Sterne. So wird das Menschengeschlecht von einigen unserer heutigen Barden beschrieben.

Vielleicht ist dies ein merkwürdiger Anfang für ein Buch über das Königreich der Mineralien, doch wenn diese Metaphern nicht nur poetisch, sondern auch wahr sind, dann meinen sie alle letztendlich die Beziehung zwischen Materie, Geist und Mensch. Dies ist kein Buch über Esoterik, und dennoch ist die Esoterik nicht von der Materie und den Mineralien zu trennen, weil sie ein und dasselbe sind. Ich schreibe dieses Buch sowohl als Wissenschaftler wie auch als Mystiker, und ich sehe keinen Widerspruch zwischen Wissenschaft und Mystik. Für mich ist es auch kein bloßer Zufall, daß die heutigen großen wissenschaftlichen Fortschritte in einer Zeit zustande kommen, in der wir wieder einmal unsere spirituellen Wurzeln neu entdecken. Dieses Buch wird schon bald zeigen, daß wir tatsächlich Kinder des Universums und Brüder der Sterne sind und außerdem auch noch etwas, was den Barden bis heute entgangen ist – Vettern der Kristalle.

Wir wollen in der Zeit um 15 Milliarden Jahre zurückgehen, zum Anfang des Universums selbst, oder besser gesagt zum Anfang dessen, was wir heute als Universum bezeichnen. Zu dieser Zeit war die gesamte Materie des Universums in einer unvorstellbar großen Kugel zusammengeballt, die in der Leere schwebte. Dies war keine Materie, wie wir sie heute kennen, die aus Atomen und Molekülen besteht, sondern ein riesiger Ball, der aus den Bausteinen der Atome selbst bestand – Protonen, Neutronen und Elektronen – eine riesige »Suppe« von potentieller Materie.

Wie lange diese siedende Masse von Proto-Materie existierte und was sie tat, *bevor* sie diesen Zustand erreichte, ist unbekannt. Jedenfalls fing sie zu jenem Zeitpunkt vor 15 Milliarden Jahren an, sich rasch auszudehnen und die Leere auszufüllen. Und sie dehnte sich nicht nur rapide aus: sie explodierte.

Alle Materie, die in den Hunderttausenden von Sternen des nächtlichen Himmels enthalten ist und in den Billionen von Sternen, die wir *nicht* sehen können, war in jenem gigantischen kosmischen Feuerwerkskörper vereinigt. So verstehen wir ohne weiteres, warum Wissenschaftler dieses Ereignis so treffend als »Urknall« bezeichnen.

Es gibt auch andere wissenschaftliche Theorien über die Entstehung des Universums. Die bekannteste von ihnen ist die der kontinuierlichen Schöpfung. Nach dieser Theorie bildet sich die Materie ständig neu und verschwindet ebenso kontinuierlich wieder aus dem Universum. Diese Theorie war bis 1960 beherrschend, doch bedingt durch die Fortschritte der Radioastronomie und durch Informationen, die mit Hilfe von Raumsonden gesammelt wurden, spricht heute immer mehr gegen alle früheren Theorien und für die Theorie des Urknalls.

Doch dies ist der Standpunkt der Wissenschaft. Gibt es auch in der Mythologie irgendwelche Hinweise auf solche kosmischen Ereignisse? Dies ist tatsächlich der Fall.

In den chinesischen P'an Ku-Mythen kann man nachlesen: »Am Anfang war das große kosmische Ei. Darin herrschte das Chaos, und inmitten von diesem Chaos schwamm P'an Ku, das Unentwickelte, der göttliche Embryo. P'an Ku brach aus dem Ei hervor und war viermal größer als jeder Mensch heute. Er hielt einen Hammer und einen Meißel in der Hand, mit denen er die Welt formte.«

Der Hinduismus lehrt, daß der Kosmos selbst eine unendliche Reihe von Toden und Wiedergeburten durchlebt. Das hinduistische Denksystem kennt eine Anzahl von Zeitskalen, die erstaunlich genau mit unserer heutigen Vorstellung vom Universum übereinstimmen. Sie reichen von unserem gewohnten Tag-Nacht-Zyklus bis zu dem eines Tages und einer Nacht Brahmas, der 8,64 Milliarden Jahre dauert. Dieser

Zeitraum ist größer als das Alter der Erde oder der Sonne, und er umfaßt ungefähr die Hälfte der seit dem Urknall mutmaßlich vergangenen Zeit.

Das Universum ist dieser Anschauung zufolge der Traum eines Gottes, der nach 100 Brahma-Jahren in traumlosen Schlaf fällt und sich auflöst. Nach weiteren 100 Brahma-Jahren wacht er wieder auf und organisiert sich neu, um erneut seinen kosmischen Traum zu träumen.

Zu Anfang jedes kosmischen Zyklus findet die Schöpfung des Universums statt, repräsentiert durch den kosmischen Tanz Shivas in seiner Manifestation als König des Tanzes. In dieser Erscheinung hat Shiva vier Hände: In der oberen rechten Hand hält er eine Trommel, deren Klang der Klang der Schöpfung ist. In der oberen linken Hand befindet sich eine Flammenzunge, eine Erinnerung daran, daß das soeben neugeschaffene Universum in vielen Milliarden von Jahren vollständig zerstört werden wird.

Diese Bilder finden sich sowohl bei den Chinesen als auch bei den Hindus. Sie sind Jahrtausende alt. Doch sind sie so weit entfernt von den Schlußfolgerungen der modernen Wissenschaft? Tatsächlich ist eine der wichtigsten Fragen, um deren Klärung sich die Wissenschaft bemüht, ob das Universum sich zu einem bestimmten Zeitpunkt in der Zukunft zusammenziehen und wieder in den ursprünglichen Zustand des »universalen Eis« zurückkehren wird. Heute versuchen Wissenschaftler in aller Welt herauszufinden, ob es eine kritische Materiemenge gibt, die dazu führt, daß das Universum sich durch die Schwerkraft zusammenzieht, sich also letztlich in sich selbst zurückzieht. Besteht irgendein Zweifel daran, wie die Antwort hierauf lauten wird?

Alle Religionen lehren, daß die Schaffung des Universums dem willentlichen Handeln eines wie auch immer gearteten Schöpfergottes zuzuschreiben ist. Können wir nicht einfach akzeptieren, daß der Urknall lediglich die physikalische Gestalt der Tatsache der Schöpfung ist? Und ist dies nicht nur der erste Schritt in jenem kontinuierlichen Akt der Schöpfung, der das Universum ausmacht?

Doch was hat dies alles mit dem Königreich der Mineralien zu tun? Das Reich der Mineralien ist mit Sicherheit das älteste des gesamten Universums, und wenn wir akzeptieren können, daß die Entstehung des Universums ein kreativer Akt Gottes ist, dann muß das, was wir im Reich der Mineralien entdecken, eine Menge mit dem zu tun haben, was Gott im Sinn hatte, als Er sich an die Erschaffung des Universums machte.

Wir wollen uns nun noch einmal jenem ersten Akt der Schöpfung zuwenden, dem Urknall, und schauen, wie das physische Universum entstand.

In jener unvorstellbaren kosmischen Explosion begann das Universum mit einer Expansion, die bis heute andauert, und mit der sich gleichzeitig auch alle Materie und Energie ausdehnte. Dabei kühlte die Materie rapide ab. Das frühe Universum war angefüllt mit Strahlung und riesigen Materiemengen, größtenteils Wasserstoff – dem leichtesten und einfachsten Element, das sich in jenem kosmischen Feuerball aus Elementarteilchen bildete. Auch heute noch besteht der größte Teil des Universums aus Wasserstoff, doch war anfangs wohl kaum irgendetwas Stoffliches zu erkennen, da die Atome gleichmäßig verteilt waren. Dann wurden die Wasserstoffatome nach und nach durch ihre winzige Gravitationskraft zueinander hingezogen. Allmählich bildeten sich so kleine Gasansammlungen, und diese zogen ihrerseits weitere Gaspartikel an. Im gesamten Kosmos bildeten sich riesige Mengen solcher großer, wirbelnder Gaswolken. Allmählich wurden die einzelnen Wolken dichter, weil immer mehr Wasserstoffatome in sie hineingezogen wurden. Schließlich fingen diese ungeheuren Gaswolken an, sich zu drehen, und sie wurden flacher. Später bildeten sie die Galaxien.

Innerhalb jener noch unentwickelten Galaxien verdichteten sich jedoch auch viel kleinere Wolken durch ihre gegenseitige Anziehung, und in den Zentren dieser Wolken stiegen Temperatur und Druck an. Ab einem gewissen Punkt schließlich reagierten die Wasserstoffatome miteinander, verschmolzen und bildeten das Gas Helium.

Bei dieser Fusion, dieser Vereinigung der Wasserstoffatome, entstand ein interessantes Nebenprodukt – Licht. So wurden die ersten Sterne geboren, um die Himmel zu erleuchten.

Diese Ur-Sterne hatten im Unterschied zu vielen unserer heutigen Sterne eine Menge »Wasserstoffkraftstoff« zu verbrennen. Sie entstanden schnell, lebten intensiv und starben jung. Ja, sie starben tatsächlich. Sterne durchlaufen mit ihrem materiellen Körper ebenso einen Kreislauf von Geburt, Leben und Tod wie wir Menschen. Und wenn Sterne sterben, werden im Universum auch neue geboren, weil im Zentrum der Sterne während ihres Lebenszyklus noch etwas anderes geschieht. Der Verschmelzungsprozeß endet nicht damit, daß Wassestoff zu Helium wird. Das Helium verschmilzt seinerseits und bildet Kohlenstoff; der Kohlenstoff fusioniert zu Sauerstoff, und durch Hinzufügen weiterer Heliums werden Silizium, Schwefel, Eisen und andere Elemente gebildet.

In der Phase des Absterbens expandiert dieser Sternentyp zunächst und wird zu einem roten Giganten. Ein solcher Stern, Alpha-Herculis, der sich heute im todesnahen Zustand befindet, hat den 580fachen Durchmesser der Sonne, und er würde den gesamten Raum zwischen Erde und Sonne ausfüllen.

In der Todesphase explodiert dieser Sternentyp in einer hell leuchtenden Supernova und verstreut seinen Kern aus »Sternenstaub«, seinen Kern aus schweren Elementen, in das Universum, aus dem er geboren wurde.

Schließlich wurde eine solche Wolke aus thermonuklearem Staub von einem neuen, ziemlich gewöhnlichen gelben Stern am entfernten Ende einer der neugebildeten Galaxien angezogen. Wieder einmal, genauso wie bei der Entstehung der Sterne selbst, bildeten sich an bestimmten Stellen Ansammlungen dieser dichteren Materie. Da die Anziehung zwischen den dichteren Partikeln in diesem Fall wesentlich größer war, zogen die dichteren Wolken die neue Materie ziemlich schnell an. Durch den Prozeß der Anziehung bildeten sich immer größere Mengen solcher Partikel, riesige Kugeln dichter Materie, die um jenen relativ neuen gelben Stern kreisten – und so wurden die Erde und andere Planeten geboren. Kaum jemand ist sich darüber im klaren, daß dieser Prozeß des Anwachsens sich auch heute noch fortsetzt: Tausende Tonnen kosmischer Materie gehen hauptsächlich in Form von Mikro-Meteoriten Jahr für Jahr auf die Erde nieder.

Als die Erde aus der solaren Staubwolke entstanden war, zog die Gravitationskraft die schwereren Elemente zum Zentrum hin. Schließlich wurde der Druck so stark, daß es zu einem Schmelzprozeß kam. Dies führte zu einem weiteren Absinken der schwereren Elemente auf das Zentrum zu; insbesondere gilt dies für Eisen und Nickel. Der zentrale Teil der Erde, Erdkern genannt (siehe Abb. 1), ist auch heute noch flüssig und hat einen Durchmesser von ungefähr 3200 Kilometern. Man nimmt an, daß die Reibung zwischen der rotierenden Erde und dem flüssigen Kern im Erdinnern, der zum »Rutschen« tendiert, einen großen Teil der Energie erzeugt, die jene Bewegungen der Erdkruste hervorruft, über die wir später sprechen werden.

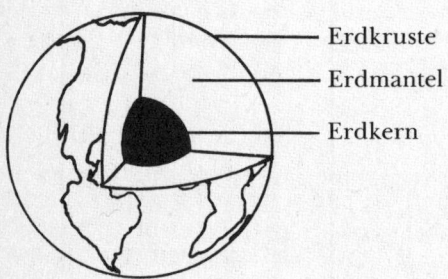

— Erdkruste
— Erdmantel
— Erdkern

Abb. 1: Querschnitt der Erde

Das Erdinnere ist auch heute noch ziemlich heiß, und ganz gleich, wo auf der Erde man sich befindet, man braucht nur ein paar Kilometer in die Tiefe zu gehen, um eine Temperatur zu erreichen, die heiß genug wäre, um Wasser zum Kochen zu bringen. Man stelle sich einmal vor, wie heiß die Temperaturen demzufolge in einer Tiefe von Tausenden von Kilometern sein müssen! Es ist auch nicht anzunehmen, daß die Erde in nennenswertem Maße abkühlen wird. Viele der Elemente, die den äußeren Teil der Erde bilden, unterliegen radioaktivem Verfall, wodurch weitere Wärme in den Erdkörper abgestrahlt wird.

Um den Erdkern herum liegt der Erdmantel, der fast das gesamte restliche Erdvolumen ausmacht. Dieser Mantel besteht hauptsächlich aus sehr dichtem, kristallinem Gestein, das reich an Eisen und Magnesium ist. Infolge der ungeheuren Hitze und des starken Drucks, der hier herrscht, bleibt ein großer Teil dieses Gesteins in einem »plastischen« Zustand. Dies ist ein wissenschaftlicher Begriff, der besagt, daß das Gestein relativ leicht formbar ist.

An der Oberfläche dieses plastischen Mantels treibt die Erdkruste, die hauptsächlich aus leichteren Mineralien besteht. Eigenartigerweise scheint »treiben« tatsächlich der adäquate Begriff zu sein. Forschungen haben gezeigt, daß die Kruste unter den Meeresbecken ziemlich dünn, unter den Kontinenten schon wesentlich dicker und unter den Bergmassiven am dicksten ist. Abbildung 2 zeigt eine Anzahl

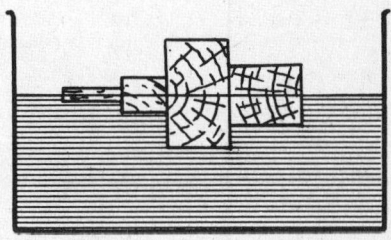

Abb. 2: Im Wasser schwimmende Holzblöcke

von Holzstücken von verschiedener Dicke, die in einem Wasserbecken treiben. Die dicksten Holzstücke füllen auch den meisten Raum unterhalb der Wasseroberfläche aus. Genauso verhält es sich bei der Erdkruste. Abbildung 3 zeigt einen typischen Querschnitt der Erde, bei dem links ein Meeresbecken zu sehen ist und rechts eine Kontinentalmasse. Untersuchungen zufolge ist die Materialmenge unter dem Kontinent proportional zu derjenigen auf dem Kontinent (das Gesteinsmaterial der Bergmassen). Diese Darstellung zeigt, daß sich das Material der Kruste genauso verhält wie die Holzstücke im Wasser – je dicker das Material, um so

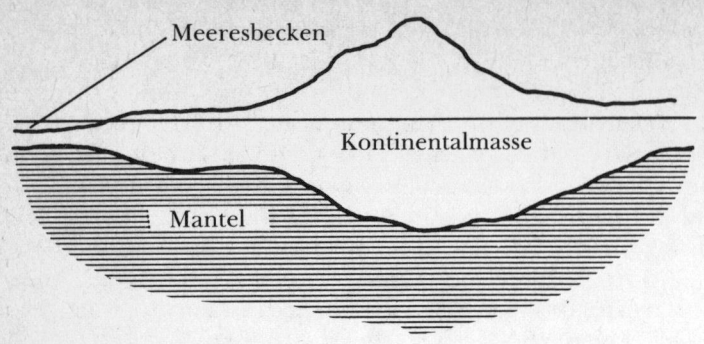

Abb. 3: Die Erdkruste treibt auf dem Erdmantel

tiefer dringt es auch in den Erdmantel vor. So kann man sich
vorstellen, wie Kontinente sich bewegen können. Die Wissenschaft der Kontinentalbewegungen (Tektonik) hat uns gezeigt, daß zu einer bestimmten Zeit der Erdgeschichte die
Kontinente weitgehend eine einzige, zusammenhängende
Masse bildeten, die dann allmählich auseinanderbröckelte.
Den einsichtigsten Beweis hierfür liefern uns die Küstenli-
nien von Südamerika und Afrika, die offensichtlich zusam-
menpassen. Man nimmt an, daß die Antriebskraft, die die
Kontinente bewegt, die im Erdinneren erzeugte Hitze ist.

Da die tiefsten Bohrungen bis heute nur wenig mehr als
acht Kilometer in das Erdinnere vorgedrungen sind, beruhen unsere Informationen über den Erdkern und die inneren Bereiche des Erdmantels hauptsächlich auf Untersuchungen von Erdbebenwellen und ihren Brechungen beim
Durchdringen von Materie verschiedener Dichte. Gestein
aus dem oberen Erdmantel kann häufig untersucht werden,
weil viele Vulkane Material aus einer Tiefe von 13 bis 15
Kilometern zutage fördern.

Bisher haben wir die Evolution des physischen Erdkörpers verfolgt, von der Prä-Materie über den elementaren
Wasserstoff bis hin zur dichten Materie im Zentrum sterben-
der Sterne. Nun wollen wir uns darauf besinnen, wie sich
unser eigener materieller Körper im Lauf der Erdgeschichte
entwickelte. Jedes Materiestäubchen unseres Körpers
stammt aus dem Zentrum eines jener zuvor erwähnten ster-

benden Sterne. Wir sind tatsächlich Söhne des Kosmos, Kinder der Sterne!

Etwa 4,6 Milliarden Jahre vor unserer Zeit entstand die Erde aus interstellarem Gas und Staub und schloß damit im wesentlichen ihren Prozeß des Schmelzens und der Verdichtung ab. Damit war der Boden für den nächsten Akt der Schöpfung bereitet – die Entstehung des organischen Lebens.

Vor ungefähr 4 Milliarden Jahren zeigten sich in den Ur-Meeren die ersten Regungen des Lebens. Blitze und ultraviolettes Sonnenlicht brachen die einfachen wasserstoffreichen Moleküle in der Ur-Atmosphäre auf. Diese Moleküle verbanden sich zu immer komplexeren Formen. Die Produkte dieser frühen Chemie lösten sich in den Meeren auf und bildeten eine kräftige organische »Suppe«, die die Grundsubstanzen für die späteren komplexeren Lebensformen enthielt. Auch das Reich der Mineralien fing nun an, sich chemisch aufzuspalten und lieferte so zusätzliches »Material« für die Entstehung organischen Lebens.

Wie genau die ersten Lebensformen sich organisierten, ist unbekannt, aber in den neueren Theorien darüber nimmt man an, daß die organischen Moleküle sich mit bestimmten Arten von Tonmineralien verbanden und daß die kristallinen Muster dieser Tonmineralien als Schablonen dienten, nach denen sich die komplexeren Lebensformen entwickelten. Es muß betont werden, daß nach dieser Theorie nicht die Mineralien selbst sich zu Lebensformen entwickelten, sondern daß sie nur als *Muster* dienten, nach denen sich die organischen Lebensformen aufbauten. Diese Lebensformen waren an die Wasserstoffatmosphäre der Erde jener Zeit angepaßt, und die Schöpfung wartete auf den nächsten Schritt.

Etwa vor 3 Milliarden Jahren füllten sich die Ozeane allmählich mit blaugrünen Algen. Diese Algen schufen die Voraussetzung für die nächste Stufe der organischen Entwicklung.

Grüne Pflanzen erzeugen Sauerstoff. Etwa nach einer Milliarde von Jahren waren die Ozeane nicht nur mit Algen gefüllt, sondern auch mit anderen einfachen grünen Pflanzen. Weil all diese Pflanzen Sauerstoff erzeugten, enthielt die Erdatmosphäre zu jener Zeit zum ersten Mal große Mengen von ungebundenem Sauerstoff. Obgleich heute fast alles Leben von Sauerstoff abhängig ist, war Sauerstoff für viele der ersten Lebensformen jener Zeit ziemlich giftig. Deshalb starb ein Großteil von ihnen aus. Neue Pflanzen entwickelten sich, die besser an die veränderte Atmosphäre angepaßt waren, und erstmals tauchte nun auch tierisches Leben auf.

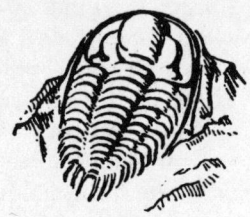

Abb. 4: Ein Trilobit

Vor etwa 500 Millionen Jahren wimmelten die Ozeane von Leben. Sie wurden beherrscht von riesigen Schwärmen von Trilobiten, Urkrebsen, die großen Insekten ähnelten (siehe Abb. 4). Zu einem späteren Zeitpunkt der genannten Periode, die von den Geologen »Kambrium« genannt wird, entwickelten sich die Vorfahren der heutigen Muscheln und Schalentiere. Bis zu dieser Zeit war das Leben auf die Meere beschränkt, und erst vor ungefähr 440 Millionen Jahren tauchten die ersten Landpflanzen auf. Etwa zur gleichen Zeit entwickelten sich in den Meeren die Fische.

Eines Tages, vor etwa 345 Millionen Jahren, entdeckte ein Fisch mit besonders starken Flossen, daß er sich auf diese stützen konnte, er verließ das Wasser und bewegte sich für kürzere Zeit auf dem Land. Von diesem ersten mutigen Kundschafter stammen alle Landwirbeltiere ab. Vor 200 Millionen Jahren etwa übernahmen die Reptilien die Herrschaft über die Erde, insbesondere jene Gruppe, die als Dinosaurier bekannt ist. Sie konnten diese Vorherrschaft die nächsten 130 Millionen Jahre behaupten, bis vor ungefähr 70 Millionen Jahren. Dann starben die Dinosaurier ziemlich plötzlich aus, möglicherweise infolge einer kosmischen Katastrophe – einer Kollision der Erde mit einem riesigen Asteroiden oder vielleicht mit einem Kometen. Der Staub, der bei einem solchen Ereignis entsteht, würde die Temperaturen auf der Erdoberfläche auf ein für große Reptilien unerträgliches Maß erhöht haben.

Während der Zeit der Dinosaurier trieben die Kontinente allmählich auf ihre heutige Position zu. Als sie vor etwa 70 Millionen Jahren ausstarben, hatte sich das Gesicht der Erde radikal verändert. Amerika hatte sich von Afrika und Europa entfernt, so daß der Atlantische Ozean entstanden war; Australien war vom Festland weg und Indien nach Norden getrieben, wo es mit Asien kollidiert war, wodurch das Himalayagebirge aufgeworfen worden war.

Nach dem Aussterben der Dinosaurier blieb die Erde den Tieren überlassen, die ihre Körpertemperatur zu regulieren vermochten und die weniger anfällig für die Veränderungen des Planeten waren – den Säugetieren. Die frühesten Vorläufer des Menschen tauchten erst vor 7 Millionen Jahren auf, nach geologischer Zeitvorstellung also erst vor kurzem. Unser erster als Mensch *erkennbarer* Vorfahre tauchte frühestens vor einer Million Jahre auf. Bleiben für den Menschen noch 129 Millionen Jahre, um es mit den Dinosauriern aufnehmen zu können!

Die Schöpfung entwickelte sich also von einer Stufe zur nächsten, und jede Stufe besaß mehr Bewußtheit als die vorangehende.

Zuerst fand jene große kosmische Explosion statt, die zur nächsten Stufe der Schöpfung, der Bildung der Elemente führte. Dann trat eine Zeit der Konsolidierung ein, in der sich Sterne und Galaxien bildeten. In der Folgezeit entwickelten sich in den Sternen schwerere Elemente. Dem folgte der Tod jener ersten Sterne, worauf die schwereren Elemente ins Universum zurückgeschleudert wurden. Wieder folgte eine Zeit der Konsolidierung, in der diese Elemente Planeten bildeten. Was die Erde selbst betrifft, so entstand zunächst einmal durch das Schmelzen und die Rekristallisation der solaren Staubwolke der Erdkörper. Dann folgte eine lange Zeit der Konsolidierung, in der die ersten Lebensformen auf der Erdoberfläche entstanden. In einer weiteren Evolutionsphase schufen die früheren Lebensformen die Erdatmosphäre, was die Entwicklung der Pflanzen und Tiere ermöglichte, die in einer solchen sauerstoffreichen Atmosphäre zu leben vermochten. Dem folgten weitere Evolutionsstufen, auf denen jeweils eine bestimmte Lebensform die Erde beherrschte und einer nachfolgenden den Weg ebnete. Glaubt jemand von uns ernsthaft, daß dieser Prozeß mit dem Auftauchen des Menschen beendet ist?

Viele spirituelle Quellen lehren, daß wir heute, mit dem Anbruch eines neuen Erdzeitalters, dem Wassermannzeitalter, eine neue Stufe der Evolution erreichen. Diesmal, so lernen wir, gehe es um eine Evolution des Bewußtseins, und neue Lebensformen würden vor allem durch ein weiterentwickeltes Bewußtsein geprägt sein.

Es ist bezeichnend, daß in einer Zeit, in der die Menschen ihrer Umwelt gegenüber sehr bewußt werden, die allerersten Energien des Universums die letzten sind, für die wir uns interessieren. Wir neigen zu der Ansicht, die Energien der Mineralien seien die niedrigsten Formen von Energie. Aus der Perspektive der Evolution des Universums jedoch entstand das Königreich der Mineralien unter Einwirkung der *höchsten* Energien und repräsentiert daher in gewissem Sinne die *höchste* Energie, auf die sich der Mensch einstimmen kann. Denn diese Energie ist von der Schöpfung des Universums selbst geprägt, und da wir gewählt haben, in einer Welt kristalliner Materie zu leben, stimmen wir uns damit auf den gleichen kreativen Impuls ein, den sogenannten »Gedanken im Geiste Gottes«, der die antreibende Kraft des Universums ist.

Und wohnt uns nicht dieser gleiche Aspekt der Kreativität inne, unsere geistige Natur, unser eigener »göttlicher Funke«? Haben wir nicht dieselbe Fähigkeit, uns etwas vorzustellen, vor unserem geistigen Auge ein Objekt erscheinen zu lassen, und dann hinauszugehen und es zu bauen? Ist dies vielleicht gemeint, wenn wir sagen, daß der Mensch nach dem Abbild Gottes erschaffen wurde?

Hier liegt der Schlüssel zur Existenz der Menschheit – das heißt, wir *sind* Teil jener göttlichen Essenz, die die Schöpfung *ist.* Wir sind hier auf der Erde, um bei der Schöpfung mitzuwirken.

Der Mensch selbst ist eine Synthese aus Materie und Geist – ein Wesen, das einen materiellen Körper bewohnt und gleichzeitig ein perfekter Mikrokosmos des Universums selbst ist, des göttlichen Wesens, dessen Körper das materielle Universum ist. Diese Synthese ist entscheidend für die Evolution nicht nur des Menschen, sondern auch der ganzen Erde.

Warum? Was ist unsere Aufgabe dabei?

Versetzen wir uns einen Augenblick lang an den Anfang dieses Kapitels zurück – das Universum besteht immer noch weitgehend aus Wasserstoff, dem leichtesten und einfachsten Element. Wenn Sie sich nachts den Himmel anschauen, was sehen Sie da? Tausende von Sternen – und außer ihnen gibt es noch weitere Myriaden von Sternen, die unsichtbar sind. Sie alle tun nichts anderes, als aus Wasserstoff schwerere Elemente zu erzeugen. Das Universum *verdichtet* sich allmählich. Das gesamte Universum entwickelt sich von leichterer Materie zu dichterer.

Aber muß nicht im gleichen Maße, wie das materielle Universum dichter wird, auch der Geist danach streben, jene dichtere Materie zu bewohnen? Und ist es nicht genau das, was wir als geistige Wesen auf der Erde lernen sollen?

Wir sind es gewöhnt, uns uns selbst und die Erde als eine Art spirituelles Staubecken vorzustellen. Wir empfinden uns als eingepfercht in diese schrecklich dichten Körper, die wir mit uns herumschleppen müssen, und wir warten sehnsüchtig darauf, sie für immer ablegen zu können.

Bisher war es sicherlich nützlich, dies zu glauben. Heute jedoch dämmert vielen die Wahrheit. In Wirklichkeit sind wir hier, um genau das Gegenteil zu tun – um unsere Erleuchtung als spirituelle Wesen wiederzuerlangen und das zu vollenden, wozu wir geschaffen wurden. Nicht zu lernen, wie man aus der Materie in den Geist entflieht, sondern wie man sich in den Geist erhebt und wie man den Geist in das Reich der dichteren Materie hineinträgt – damit die Materie vom Geist durchdrungen wird.

Wir brauchen uns nur andere Planeten innerhalb unseres Sonnensystems anzuschauen, um eine Ahnung von dem zu bekommen, was damit gemeint ist. Die Erde ist der einzige Planet, auf dem das soeben Beschriebene stattfindet. Wir befinden uns nicht am äußersten Endpunkt der Evolution, sondern an ihrem Wendepunkt!

Zunächst erfüllte die Menschheit ihre Aufgabe, mit der Materie der Erde zu arbeiten, recht gut. Von unserer eigenen Ebene spirituellen Bewußtseins aus arbeiteten wir mit der ganzen Erde, insbesondere mit ihren Kristallen, durch Einsatz riesiger und mächtiger Kristalle – um die Materie der Erde selbst zu erleuchten. Aber dann, hauptsächlich auf Grund von mangelnder Erfahrung, nahm die Entwicklung eine fatale Wendung, und der Mensch vergaß immer mehr seine Verbundenheit mit der gesamten Schöpfung – Atlantis ging unter.

In unserer Zeit der spirituellen Erneuerung der Menschheit, die Wassermannzeitalter genannt wird, erinnern wir uns wieder an unsere Verbundenheit mit dem materiellen sowie dem spirituellen Universum, und indem wir das Wesen der Kristalle neu ergründen, erfahren wir auch das Wesen unserer eigenen Synthese aus Materie und Geist neu.

2

Die Innenwelt des Kristalls: Atome und ihre Bindungen

Im ersten Kapitel haben wir uns mit dem Makrokosmos beschäftigt – mit dem Universum. Jetzt werden wir unseren Blick in die entgegengesetzte Richtung lenken, auf den Mikrokosmos – auf das Atom.

Erst in den letzten Jahrzehnten gelang es dem Menschen mit Hilfe der modernen Technologie, die Funktionsweise des Atoms zu verstehen. Auch heute noch sind die wissenschaftlichen Erkenntnisse über das Atom unvollständig, und wenn wir auch anfangen zu verstehen, *wie* es funktioniert, mangelt es uns leider immer noch an Wissen darüber, *warum* es so funktioniert. In diesem Kapitel werden wir uns mit der Mechanik des Atoms befassen, insbesondere mit den Aspekten, die Aufschluß darüber geben, wie die Atome sich miteinander verbinden. Dies ist notwendig, um die innere Struktur eines Kristalls zu verstehen und die Art von Beziehung, die zwischen Kristall und Energie besteht. Die meisten Effekte, die wir bei Kristallen beobachten, sowohl im esoterischen wie auch im exoterischen Bereich, sind auf ihre einzigartige Verbindung von Atomen zurückzuführen. Obgleich die atomare Mechanik in diesem Kapitel ziemlich vereinfacht dargestellt wird, reichen die hier gegebenen Informationen aus, um die Kristallenergien zu verstehen.

Das Atom besteht aus drei Hauptbestandteilen – *Protonen*, *Neutronen* und *Elektronen* (siehe Abb. 5). Protonen und Neutronen sind etwa von gleichem Gewicht und von gleicher Größe und bilden den zentralen Teil des Atoms, den Kern. Das Proton hat eine positive elektrische Ladung. Das Neutron ist elektrisch neutral. Elektronen sind sehr winzige Partikel mit negativer elektrischer Ladung. Sie sind viel

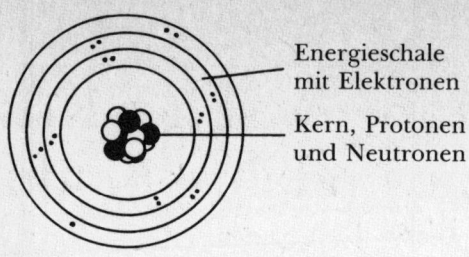

Energieschale
mit Elektronen

Kern, Protonen
und Neutronen

Abb. 5: Das Atom

kleiner als Protonen und Neutronen. Die Elektronen kreisen in relativ großer Entfernung um den Kern. Sie reisen paarweise und bilden eine Art Schale um den Kern (etwa vergleichbar mit den einzelnen Häuten einer Zwiebel). Jede dieser Schalen entspricht einer Energieebene. Diese Elektronenschalen füllen sich vom Zentrum her nach außen, wobei die Außenschale mit maximal 8 Elektronen besetzt werden kann. Da das Atom versucht, das elektrische Gleichgewicht aufrechtzuerhalten, entspricht die positive Ladung des Kerns gewöhnlich exakt der negativen Ladung der Elektronen. Es kann aber auch vorkommen, daß sich auf der äußeren Schale unpaarige Elektronen befinden und daß die elektrische Balance trotzdem aufrechterhalten bleibt. Diese äußeren Schalen sind für uns beim Studium des Mineralreichs von größter Bedeutung, denn die Bewegung der Elektronen auf der äußeren Schale verursacht viele der energetischen Effekte, die wir bei Kristallen beobachten können. Außerdem kann es auf dieser äußeren Elektronenschale auch zur Verbindung eines Atoms mit einem anderen kommen, die dann eine Einheit bilden – einen Grundbaustein kristalliner Materie.

Die Elektronen können nicht frei von Schale zu Schale springen. Sie bewegen sich nur, wenn ihre Energie um eine bestimmte Menge gesteigert oder abgeschwächt wird. Diese Menge wird *Quantum* genannt, und ist ein Vielfaches der Energie eines Lichtphotons. Vielleicht ist es hilfreich, sich die Elektronenschalen wie Sprossen einer Leiter vorzustellen: Man kann ja auch keine halbe Sprosse hochklettern.

Obgleich Protonen, Neutronen und Elektronen die

Grundbausteine des Atoms sind, wissen wir heute, daß sie sich aus noch kleineren Partikeln zusammensetzen, und daß diese Partikel allem Anschein nach aus reiner Energie bestehen. Somit kommt die Wissenschaft allmählich zu dem Schluß, daß Materie lediglich eine andere Form von Energie ist, und genau das sagen die Mystiker schon mindestens seit viertausend Jahren! Einige jener subatomaren Bausteine haben recht interessante Namen, so wie *Quarks, Neutrinos* und *Mesonen*. Diese Partikel sind unvorstellbar klein, und sie können sich ohne Schwierigkeiten durch »feste« Materie bewegen. Die Sonne sendet ungeheure Mengen von Neutrinos aus, und in der Zeit, die Sie benötigen, um das Wort »Neutrino« zu lesen, haben schon etwa hundert Milliarden dieser Teilchen Ihren Körper durchdrungen. Es spielt dabei nicht einmal eine Rolle, ob Sie es am Abend lesen (wenn die Sonne sich auf der gegenüberliegenden Seite der Erde befindet), denn die Erde ist fast ebenso durchlässig für Neutrinos wie Ihr Körper. Somit erhebt sich die Frage: Wie fest ist »feste« Materie? Wenn der Kern eines durchschnittlichen Atoms die Größe eines Tennisballs hätte, so wären die Elektronen kleiner als ein Sandkorn, und das äußerste Elektron würde in einer Entfernung von *6,5 km* um den Kern kreisen. »Feste« Materie besteht tatsächlich größtenteils aus leerem Raum. Wenn Sie allen leeren Raum aus Ihrem Körper pressen würden, so könnten Sie zusammen mit einigen Freunden mit Leichtigkeit auf einem Stecknadelkopf tanzen!

Materie kann drei Formen annehmen – fest, flüssig und gasförmig. In einem Gas befinden sich die Atome in einiger Entfernung zueinander und haben eine relativ schwache gegenseitige Anziehung, so daß sie sich zufällig umherbewegen können. In der flüssigen Form sind die Atome schon wesentlich näher beieinander und ziehen sich gegenseitig an, obgleich dies nicht ausreicht, sie starr an einem Ort festzuhalten. Gewisse Arten von Flüssigkeiten können auf eine bestimmte Temperatur abgekühlt werden, bei der die Atome ziemlich inaktiv werden und nur noch wenig Bewegungsfreiheit haben, obwohl sie kein bestimmtes Muster bilden. Wenn solch eine sehr dicke Flüssigkeit bei Raumtemperatur existiert, nennt man sie *Glas*.

In einer festen Form ziehen die Atome sich gegenseitig stark an und kleben dann starr aneinander. Sie werden nicht nur fest an einem Ort gehalten, sie bilden zudem sehr charakteristische und sich wiederholende Muster. Solche Materie wird als *kristallin* bezeichnet. Dies bedeutet jedoch nicht notwendigerweise, daß sie auch Kristalle bildet. Auf den Unterschied zwischen diesen beiden Zuständen (kristallin versus Kristall) kommen wir noch zu sprechen.

Bindungen

Mit Ausnahme einiger weniger Flüssigkeiten, die unter gewissen Voraussetzungen kristalline Eigenschaften annehmen, brauchen wir uns bei unserer Betrachtung über die Kristalle nur mit dem festen Zustand der Materie zu befassen. Hierbei ist äußerst wichtig, die Kräfte zu verstehen, die die Atome miteinander verbinden, da gerade Störungen bei diesen Bindungsenergien für viele der Effekte verantwortlich sind, die wir bei den Energiefeldern der Kristalle beobachten.

Die erste Art von atomarer Bindung, die wir untersuchen werden, wird *ionische Bindung* genannt. Dies ist die Bezeichnung für die elektrische Anziehung zwischen Ionen entgegengesetzter Ladung. Ein Ion bildet sich, wenn ein Atom eines oder mehrere seiner Elektronen verliert, so daß ein elektrisches Ungleichgewicht entsteht. Wenn ein Atom ein Elektron verliert, entsteht ein positives Ion, durch Hinzufügung eines Elektrons hingegen entsteht ein negatives Ion. Abbildung 6 zeigt eine Kristallstruktur, die aus Ionen zusammengesetzt ist. In diesem Beispiel hat das Natriumatom

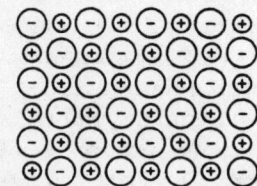

Abb. 6: Ein ionischer Kristall

(Na+) ein Elektron verloren, und das Chloratom (Cl−) besitzt ein zusätzliches Elektron. Wenn Atome dieser beiden Elemente miteinander in Kontakt treten, springt das zusätzliche Elektron des Chloratoms zum angrenzenden Natriumatom über und erzeugt elektrische Anziehung. Ebenso wird das Natriumatom vom nächsten Chloratom angezogen, und so weiter.

Eine ionische Bindung ist eine besonders starke Art der Bindung, und Kristalle mit dieser Art von Bindung sind gewöhnlich ziemlich hart, obgleich sie interessanterweise häufig auch recht brüchig sind. Diese Kristalle haben oft eine sehr gute *Spaltbarkeit,* was bedeutet, daß der Kristall glatt bricht. Abbildung 7 zeigt uns warum. Wie bereits erwähnt,

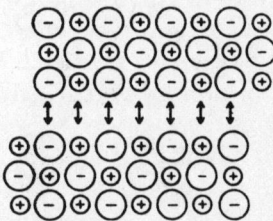

Abb. 7: Spaltung eines ionischen Kristalls
durch Abstoßung

besteht ein ionischer Kristall aus einer Reihe von alternierenden positiven und negativen elektrischen Ladungen, und wenn zwei Pole mit gleichartiger Ladung sich einander nähern, stoßen sie sich ab – ähnlich den entgegengesetzten Enden eines Magneten. Wie die Abbildung zeigt, brauchen wir die Struktur des Kristalls nur um den Abstand eines einzigen Atoms zu verschieben, und der Kristall bricht sich entlang der Ebene der Atome buchstäblich selbst entzwei. Ionische Bindungen sind jedoch nicht die, die man bei Kristallen am häufigsten vorfindet. Die verbreitetste Art der Bindung ist die *Kovalenzbindung.* Hierbei sind die äußeren Schalen der beteiligten Atome (und es kann sich dabei auch um Atome des gleichen Elements handeln) nicht voll mit Elektronen besetzt, obgleich das Atom sich im Zustand elektrischen Gleichgewichts befindet. Da die Energien der

Atome stets versuchen, einen Gleichgewichtszustand herzustellen, werden in dem Fall, daß ein unvollständig besetztes Atom mit einem anderen in Kontakt tritt, beide gleichermaßen intensiv versuchen, ihre äußeren Schalen zu besetzen. Statt daß nun aber wie bei der ionischen Bindung ein Atom seine Elektronen dem anderen abtritt, »beschließen« in diesem Fall beide, die Elektronen ihrer äußeren Schalen miteinander zu *teilen.* Wie schon früher erwähnt reisen Elektronen gerne paarweise. Die zweite allgemeine Regel, der sie gerne gehorchen, ist, daß jede Schale eines Atoms versucht, genau vier Elektronenpaare zu besitzen.

Wir wollen uns nun die atomare Struktur von Quarz anschauen, die aus Silizium (Si) und Sauerstoff (O) besteht. In Abbildung 8 werden nur die Elektronen der äußeren Schale jedes Atoms gezeigt. Wir sehen, daß sich auf der äußeren Schale des Siliziumatoms vier Elektronen befinden, auf der des Sauerstoffatoms hingegen sechs (siehe Abb. 8a).

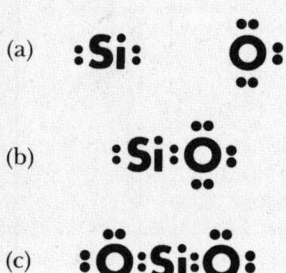

Abb. 8: Die Bildung eines Quarzmoleküls

Wenn diese beiden Atome nun versuchen, ihre äußeren Elektronen miteinander zu teilen (siehe Abb. 8b), und wenn man bedenkt, daß die äußersten Schalen jeweils acht Elektronen enthalten wollen, so sind hier offensichtlich zwei zuviel. Da bei einer Kovalenzbindung keine überzähligen Elektronen möglich sind, löst das Silizium das Problem elegant, indem es ein zweites Sauerstoffatom anzieht (siehe Abb. 8c). Wenn wir nun die Anzahl der Atome jedes Elements zusammenzählen, die sich miteinander verbunden haben, um ein Elektronengleichgewicht herzustellen, und wenn wir dies dann als Verhältnis aufschreiben – in diesem Fall also ein Siliziumatom und zwei Sauerstoffatome – so haben wir die chemische Formel für Quarz hergeleitet, die SiO_2 geschrieben wird. Wenn Sie also irgendwo eine chemische Formel für ein bestimmtes Mineral sehen, so wissen Sie jetzt, was diese Formel beschreibt – das Verhältnis zwischen der Anzahl der Atome von Elementen, die ihre Elektronen miteinander teilen.

Wir wollen nun die Muster untersuchen, die die Atome bilden und auch, wie diese Muster sich zu Kristallen aufbauen. Aber was ist ein Kristall? Laut Wörterbuchdefinition ist ein Kristall eine regelmäßige, vielflächige (polyedrische) Form mit glatten Oberflächen, die eine chemische Verbindung unter Einwirkung interatomarer Kräfte annimmt, wenn sie unter dafür günstigen Bedingungen aus dem flüssigen oder gasförmigen Zustand in den festen übergeht.

Dies heißt mit einfacheren Worten, daß ein Kristall erstens durch seine eindeutige innere Struktur charakterisiert ist und zweitens durch seine äußere Form, daß seine Atome einander nach einem regelmäßigen Muster anziehen, daß der feste Körper, den dieses Muster erzeugt, glatte Flächen aufweist, die in einer präzisen geometrischen Form angeordnet sind, und daß seine Atome von einer Flüssigkeit oder einem Gas geliefert werden (denn in diesen beiden Zuständen können sie sich in die richtige Lage bewegen).

Die innere Struktur von Kristallen

Eine geometrisch regelmäßige Anordnung von Punkten im Raum nennt man ein Raumgitter. Die Punkte werden dabei miteinander verbunden, um ihre Lage zu verdeutlichen. Nun stellte man sich vor, Goldatome seien so angeordnet, daß der Kern jedes Atoms eines Gold-Kristallgitters das Zentrum eines Punktes des Raumgitters bildet. So entsteht ein Stück eines Gold-Kristallgitters, wie es auf der rechten Seite von Abbildung 9 dargestellt wird. Man könnte sich ein Kristallgitter wie ein Raumgitter vorstellen, in dem die Schnittpunkte von Atomen oder Ionen besetzt sind. Die

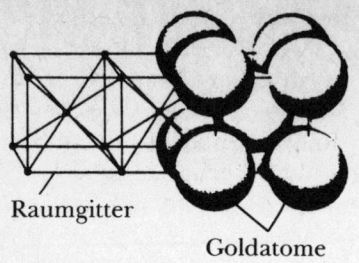

Raumgitter

Goldatome

Abb. 9

Anordnung der Atome oder Ionen in einem Kristallgitter wiederholt sich regelmäßig in drei Dimensionen, bis hin zu den physikalischen Grenzen jedes einzelnen Kristalls. Um die Beschreibung eines Kristallgitters zu vereinfachen, ist es hilfreich, die Elementarzelle des Gitters zu beschreiben. Eine Elementarzelle ist ein kleiner Teil des Gitters, mit dessen Hilfe man das gesamte Gitter konstruieren kann, wenn man die Elementarzelle nach bestimmten Regeln versetzt. Bevor wir uns damit befassen, wie dies vonstatten geht, wollen wir zunächst noch einen Blick auf eine zweidimensionale Struktur werfen: das *Netz*.

Ein Netz ist eine regelmäßig sich wiederholende Reihe von Punkten auf einer glatten Oberfläche. Abbildung 10 zeigt solch ein Netz. Eine naheliegende Form bei der Wahl einer Elementarzelle für das Netz ist das Quadrat (siehe Abb. 10 links oben). Die Elementarzelle kann um eine Entfernung, die ihrer eigenen Länge entspricht, nach rechts und auch parallel zu ihrer Kante nach unten verschoben werden, so daß durch mehrfache Wiederholung ein vollständiges Netz

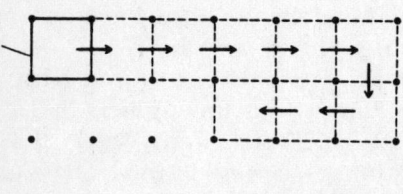

Abb. 10: Ein Netz aus einer quadratischen Elementarzelle

entsteht. Die Abbildung zeigt acht solcher Verschiebungen; aus den anfänglichen vier Punkten der Elementarzelle entstehen also insgesamt vierzehn zusätzliche Punkte.

Wenn wir auf jeden Punkt dieses Netzes ein Objekt setzen, so erhalten wir etwas, das einem Kristallgitter entspricht, jedoch nur zweidimensional ist. In Abbildung 11 ist auf jeden der Schnittpunkte des Netzes ein Atom plaziert worden. Das Ergebnis ist leicht durch Benennung der zugrundeliegenden Elementarzelle zu beschreiben: es handelt sich um ein Quadrat, an dessen vier Ecken sich je ein Atom befindet.

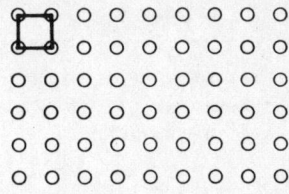

Abb. 11: Kristallgitter

Dies können wir auch auf den dreidimensionalen Bereich übertragen. Abbildung 12 zeigt eine Elementarzelle eines einfachen kubischen Raumgitters. Dies ist ein Kubus mit nur einer Spitze an jeder Ecke, was man als einfache kubische

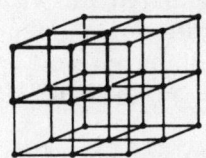

Abb. 12: Kubisches Raumgitter
mit Elementarzelle

Elementarzelle bezeichnet. Es gibt jedoch noch zwei weitere Arten von kubischen Elementarzellen (siehe Abb. 13).

Die mittelpunktzentrierte kubische Elementarzelle hat zusätzlich zu den acht Eckpunkten eine Spitze im Zentrum des Kubus. Die oberflächenzentrierte kubische Elementarzelle hat je eine Spitze im Zentrum jeder Fläche und an den

31

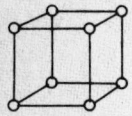 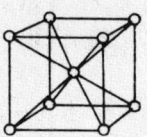 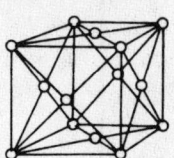

Einfache
kubische
Elementarzelle
(a)

Mittelpunktzentrierte
kubische
Elementarzelle
(b)

Oberflächenzen-
trierte kubische
Elementarzelle
(c)

Abb. 13

Eckpunkten. Jede dieser Elementarzellen ist als Modell aus Kugeln und Stäben dargestellt und zu jeder zeigt eine Zeichnung, wie die Zelle aussehen würde, wenn auf jeden der Schnittpunkte ein Atom plaziert würde.

Im Folgenden werden wir uns viele Kristallformen anschauen, die alle aus nur einem guten Dutzend verschiedener Elementarzellen aufgebaut sind. Wir werden dann untersuchen, wie daraus verschiedene äußere Formen entstehen können.

Beginnen wir mit der einfachen kubischen Elementarzelle und ordnen wir sie zu einem kubischen Kristall an (siehe Abb. 14). Wir können sie auch in Form eines Oktaeders anordnen (siehe Abb. 15).

Bei der mittelpunktzentrierten kubischen Elementarzelle (siehe Abb. 13b) kann das Atom im Zentrum des Grundkubus selbst zur Spitze eines anderen, ebensolchen Kubus werden, so daß das Resultat ein Dodekaeder ist. Beim oberflächenzentrierten Würfel (siehe Abb. 13c) kann jedes Atom gleichzeitig auch die Spitze eines anderen Würfels bilden.

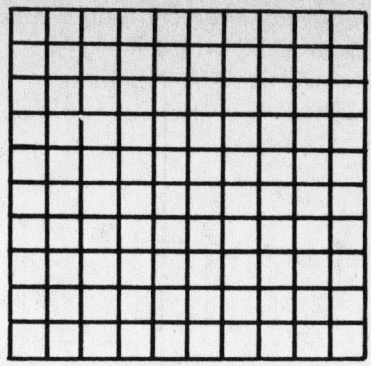

Abb. 14: Zu einem kubischen Kristall
angeordnete Würfel

Abb. 15: Zu einem oktaedrischen Kristall
angeordnete Würfel

Durch diese Kombination ergeben sich die komplexeren Formen des Kubischen Systems (siehe Kapitel 3).

Im Jahre 1848 zeigte der französische Wissenschaftler A. Bravais, daß es nur vierzehn grundsätzlich verschiedene Arten von regelmäßig angeordneten Punkten im Raum gibt. Diese vierzehn Raumgitter, die oft Bravais-Gitter genannt werden, teilen sich in sechs Gruppen auf, die den sechs

Kristallsystemen entsprechen. Die Zelleinheiten dieser sechs Gruppen werden in Abbildung 16 dargestellt. Man beachte, daß diese Elementarzellen sich voneinander hinsichtlich der Winkel zwischen ihren Oberflächen und/oder den Längen ihrer Kanten unterscheiden.

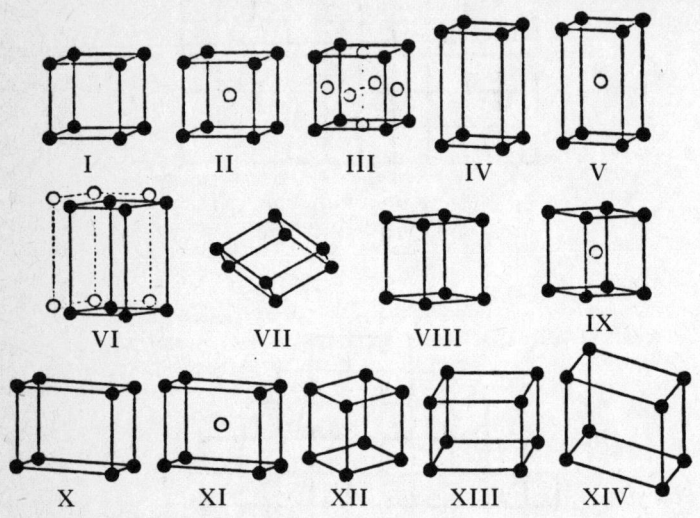

Abb. 16: Bravais'sche Elementarzellen

Das Raumgitter ist aus Punkten zusammengesetzt, und die gezeichneten Linien sind hauptsächlich als Hilfe für die Augen gedacht, damit man die Punkte miteinander verbinden kann. Beim Kristallgitter jedoch, wo die Schnittpunkte durch Atome oder Ionen besetzt sind, repräsentieren die Linien in den meisten Fällen die Bindungen zwischen den Atomen. Bei einem Kristallgitter ist jeder Punkt des Raumgitters von der gleichen Einheit besetzt, also entweder von einem Atom oder von einem Ion, nie jedoch von beiden gleichzeitig.

Es gibt zwei Hauptfaktoren, die bestimmen, welche spezielle Elementarzelle sich bildet – zum einen die Anordnung und zum anderen die Atomdurchmesser. Abbildung 17 zeigt

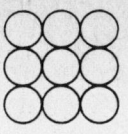

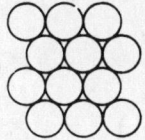

Abb. 17: Zwei Arten der Anordnung

zwei verschiedene Arten von Anordnungen. Schichten von Atomen in hexagonaler Anordnung sind in Abbildung 18 dargestellt. Bei vielen Arten von Mineralien ordnen sich die

Abb. 18: Atome in hexagonaler Anordnung

Atome in solchen Schichten an. Doch beide Arten der Schichtung, sowohl die kubische wie auch die hexagonale, füllen den Raum nicht vollständig aus, so daß zwischen den Atomen eine Lücke bestehen bleibt. Die Art der Schichtung bestimmt die Form der Lücke. Die Anordnung der Atome, die solche Lücken erzeugen, ist in Abbildung 19 dargestellt. In diese Lücken passen Atome mit einem kleineren Durchmesser, aber *welches* Atom das jeweils ist, hängt von seinem Durchmesser und von der Besetzung seiner äußeren Schale ab (wodurch die chemische Zusammensetzung des Minerals bestimmt wird).

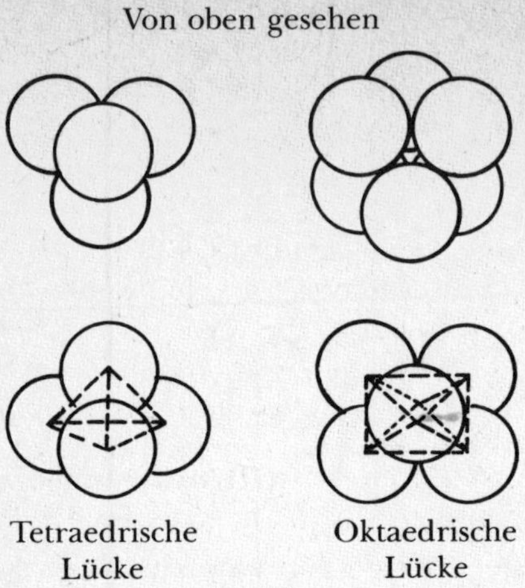

Von oben gesehen

Tetraedrische
Lücke

Oktaedrische
Lücke

Abb. 19

Eine bestimmte Art von Kristallen ist bis jetzt noch nicht erfaßt worden: Kristalle aus reinem Metall. Diese kommen in der Natur nur sehr selten vor, und daher werden Sie wahrscheinlich kaum mit ihnen in Berührung kommen – vielleicht mit Ausnahme von Kupferkristallen. Metallische Kristalle haben erheblich andere Eigenschaften, wenn Energie sie durchdringt, weshalb es viel schwieriger ist, sie als Werkzeuge spirituellen Wachstums zu benutzen. Abbildung 20 zeigt einen Kristall des Metalls Kupfer. Jede Einheit, die die Gitterpunkte dieses Metalls besetzt, ist ein positives Ion. Man könnte sagen, daß jedes Kupfer-Ion zwei Elektronen verloren hat und sie einer Elektronenwolke hinzugefügt hat, die das gesamte Gitter durchdringt. Diese Elektronen sind nicht

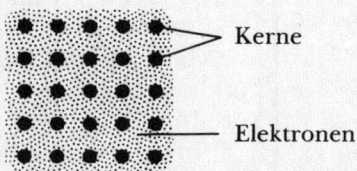

Kerne

Elektronen

Abb. 20: Ein Metallkristall mit Elektronengas

an irgendein Atom gebunden oder gar an ein Atompaar, sondern sie bewegen sich frei durch den gesamten Kristall und werden demzufolge freie Elektronen genannt. Man bezeichnet sie auch als Elektronengas. In einem typischen Metall besteht eine wechselseitige Anziehung zwischen dem Elektronengas und den Ionen.

Dies stabilisiert die Struktur, bewirkt aber gleichzeitig auch, daß sie stark verformt werden kann, ohne auseinanderzufallen. Deshalb sind die meisten Metalle relativ weich und leicht formbar. Bei gewissen Metallen, wie etwa Wolfram und Chrom, wird die metallische Bindung durch Kovalenzbindungen zwischen aneinander angrenzenden Atomen ergänzt, wodurch diese Metalle ihre größere Härte erhalten. Die Schmelzpunkte von Metallen variieren auf Grund ihrer sehr unterschiedlichen Bindungen ziemlich stark. Natrium beispielsweise schmilzt bei 98 Grad, Wolfram hingegen erst bei 3410 Grad Celsius.

Die freien Elektronen in einem Metall sind auch der Grund für seine elektrische Leitfähigkeit. Es ist nicht schwierig, dem Elektronengas auf der einen Seite Elektronen hinzuzufügen und sie auf der anderen Seite wieder abzuzapfen: Auf diese Weise fließt der elektrische Strom durch die Leitungen. Der charakteristische Glanz eines Metalls wird ebenfalls durch die freien Elektronen verursacht. Die ungebundenen Elektronen auf der Oberfläche des Metalls absorbieren das Licht, das auf die Oberfläche auftrifft, und werfen es zurück. Während dies geschieht, reflektiert die glatte Oberfläche des Metalls das Licht vollständig in allen Neigungswinkeln und verleiht so dem Metall seinen Glanz.

Zusammenfassend läßt sich sagen: Wenn wir die Elementarzelle als einen Baustein betrachten, wird die tatsächliche Gestalt der Struktur, die wir mit diesem Baustein bauen, von der Form des Bausteins selbst bestimmt. Wenn wir also einen kubischen Baustein benutzen, sind die Kristallformen, die daraus gebildet werden, mit der Form und der Symmetrie eines Würfels verwandt. Dies gilt auch umgekehrt: Die Form des Kristalls gibt seine interne Struktur wieder, weshalb wir aus der Form eines Kristalls leicht auf die Form des Grundbausteins schließen können. Auch hier zeigt sich, daß der

Mikrokosmos den Makrokosmos spiegelt und umgekehrt. Außerdem sehen wir auch, daß es von der winzigsten Struktur des Atoms bis hin zum Ganzen des Universums selbst eine Ordnung und eine Einfachheit gibt, die sich ständig wiederholt. Diese Einfachheit ist die grundlegende Essenz der Schöpfung.

Im nächsten Kapitel werden wir die äußeren Formen der Kristalle untersuchen und ihre Beziehung zu den vierzehn Grundbausteinen.

3

Das äußere Bild:
die Formen von Kristallen

Erst seit etwa hundert Jahren beginnt der Mensch zu verstehen, wie und warum Kristalle wachsen. Ein großer Teil unseres heutigen Wissens über Kristalle geht auf andere Wissenschaften zurück, die Chemie und die Physik zum Beispiel. Erst sie haben die Methoden und Mittel zur Untersuchung von Kristallen geliefert. Kristalle sind natürliche chemische Verbindungen, und die allgemeinen Gesetze der Chemie und der Physik treffen auf sie ebenso zu wie auf eine chemische Zusammensetzung, die in einem Labor brodelt.

Die grundlegendsten Konzepte über die Kristallbildung basieren auf dem Atom und dem Verhalten der Elektronen. Doch das Atom wurde bis ungefähr 1803 nicht als Realität akzeptiert, das Elektron wurde um 1898 entdeckt, und das Neutron wurde erst um 1930 bekannt. Daraus können wir den monumentalen Arbeitsaufwand ersehen, der, unterstützt durch einige außergewöhnlich intuitive Einsichten über die Natur der Materie, zur modernen Wissenschaft der Mineralogie führte.

Auf die Geschichte dieser Wissenschaft kommen wir noch zu sprechen, doch sei hier schon erwähnt, daß bis zur Jahrhundertwende das Studium der Kristalle fast gänzlich auf der Untersuchung ihrer materiellen Formen basierte, was allerdings zu bemerkenswert korrekten Schlüssen über ihre innere Struktur führte.

Bevor wir uns weiter mit diesen Formen befassen, sollte zunächst der Unterschied zwischen einem Kristall und einem Mineral erklärt werden. Ein Mineral ist eine Substanz, die in der Natur vorkommt; sie ist anorganisch, hat eine bestimmte chemische Zusammensetzung und bildet unter idealen Bedingungen Kristalle, die für dieses Mineral charakteristisch sind. Nach unserer früheren Definition ist ein Kristall eine bestimmbare atomare Struktur mit flachen Oberflächen, die nach einem geometrischen Muster angeordnet sind. Diese beiden Definitionen machen deutlich, daß ein Kristall immer ein Mineral ist, daß jedoch nicht alle Mineralien Kristalle sind.

Wenn ein Mineral keine äußerlich erkennbare Kristallform hat, so sagt man, es sei *massiv*. Wenn es eine regelmäßige atomare Struktur hat, so sagt man, es sei *kristallin*. Wenn es eine mehr oder weniger regelmäßige kristalline Struktur hat, die nicht in einzelne Kristalle aufgelöst werden kann, so nennt man dies *kryptokristallin*.

Ein Blick auf das Mineral Quarz veranschaulicht diese Begriffe. Quarz ist zunächst ein Mineral, weil es in der Natur vorkommt, anorganisch ist und eine bestimmbare chemische Zusammensetzung hat (ein Siliziumatom und zwei Sauerstoffatome, geschrieben: SiO_2). Eine Varietät des Quarzminerals, der Rosenquarz, ist massiv in der Form, weil er gewöhnlich keine flachen Oberflächen hat; aber er besitzt eine regelmäßige atomare Struktur, die ihn kristallin macht.

Achat, ein anderes Quarzmineral, hat ebenfalls eine massive Form, die aus Millionen von mikroskopischen kristallinen Einzelteilen zusammengesetzt ist, die jedoch keine einzelnen Kristalle sind, es ist kryptokristallin.

Erst bei den Varietäten des Minerals Quarz wie Bergkristall, Amethyst, Zitrin usw. finden wir Kristalle. Das heißt, obgleich sie chemisch identisch mit den massiven Sorten sind (SiO_2), nehmen sie Formen an, die eine regelmäßige atomare Struktur und flache Oberflächen aufweisen, welche in geometrischen Mustern angeordnet sind.

Eine der frühesten Entdeckungen über Kristalle war, daß die Winkel zwischen angrenzenden Flächen bei jedem Kristall eines bestimmten Minerals gleich und für dieses Mineral charakteristisch sind (das Gesetz der Winkelkonstanz angrenzender Flächen). Um diese Winkel zu messen, benutzte man Instrumente, die Goniometer genannt werden, angefangen beim einfachen Kontaktgoniometer (siehe Abb. 21) bis hin zu komplizierten und äußerst genauen optischen

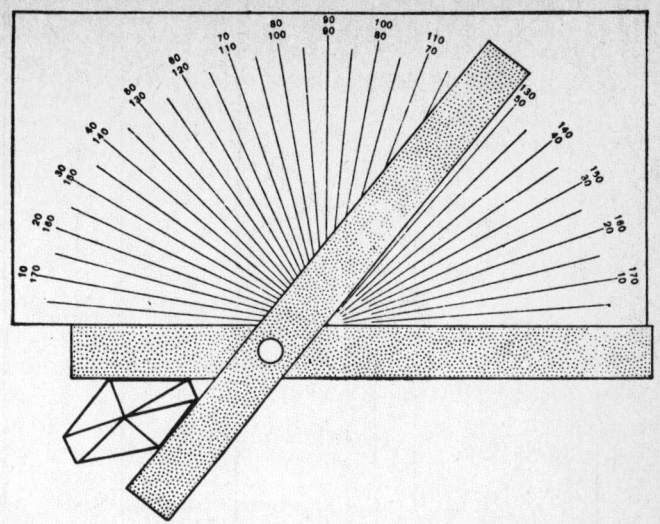

Abb. 21: Kontaktgoniometer (Winkelmesser)

Goniometern, die Landvermessungsgeräten ähneln. Auf Grund der Auswertung von Daten, die solche Instrumente lieferten, und mit Hilfe der neugebildeten Theorien über die atomaren Strukturen, wurden um die Jahrhundertwende gewisse Voraussagen bezüglich der Anordnung der Atome in den Kristallstrukturen gemacht. Im Jahre 1912 wies der deutsche Physiker Max von Laue darauf hin, daß die angenommenen Positionen der Atome im Kristall ungefähr den Abstand haben, der es ihnen ermöglicht, als Elemente eines dreidimensionalen Beugungsgitters zu dienen. Kurz darauf wurde ein Experiment durchgeführt, bei dem ein Röntgenstrahl auf einen Kristall aus Kupfersulfat ($CuSO_4$) geschossen wurde, wobei die vorausgesagte Beugung tatsächlich eintrat. Dies war der Anfang der Röntgen-Kristallographie.

Abbildung 22 zeigt eine Vorrichtung, die benutzt wurde, um ein Beugungsmuster zu erzeugen. Ein monochromer (bestehend aus einer einzigen Wellenlänge) Röntgenstrahl wird auf einen Kristall gerichtet, und die aus diesem austretenden gebeugten Strahlen werden auf einem fotografischen

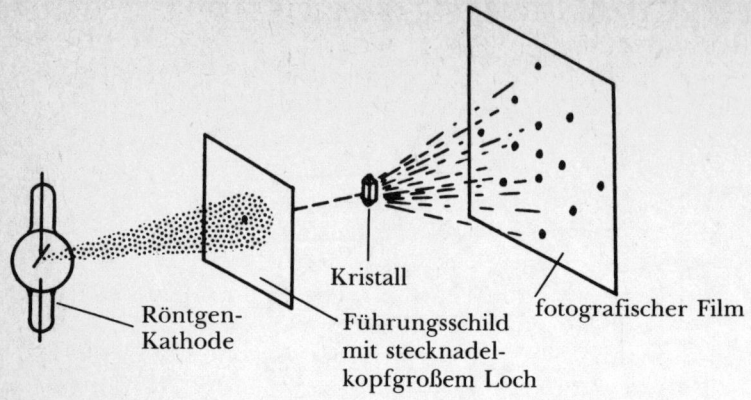

Kristall

Röntgen-
Kathode

Führungsschild
mit stecknadel-
kopfgroßem Loch

fotografischer Film

Abb. 22: Laue-Apparat

Film aufgezeichnet. Das entstehende Punktmuster wird
Laue-Muster genannt (siehe Abb. 23), und es ist abhängig
von der relativen Position der Atome im Kristall. Man fand
heraus, daß die Symmetrie der Punkte nicht nur genau die
Symmetrie des Kristalls wiedergibt, zudem korrespondiert
die Größe der Punkte mit der Größe der Fläche des Kristalls.
Mit anderen Worten: Die größten Flächen jedes beliebigen
Kristalls erscheinen bei dieser Art der Abbildung auch als die
größten Punkte usw. Außerdem entdeckte man, daß das

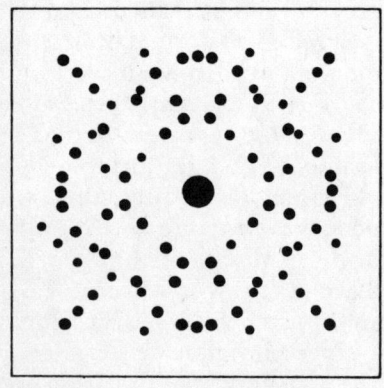

Abb. 23: Laue-Fotografie

Winkelverhältnis zwischen den Punkten auf der Fotografie dem zwischen den Oberflächen, die auf dem Kristall erscheinen, genau entspricht. Im Jahre 1913 zeigten William und Lawrence Bragg, daß man sich die Beugung der Röntgenstrahlen so vorstellen kann, als ob sie durch Schichten von Atomen in einem Kristall reflektiert würden, etwa so wie Licht von einem Spiegel reflektiert wird. Die beiden Forscher zeigten, daß zwischen dem Abstand der einzelnen Schichten voneinander, der Wellenlänge der Röntgenstrahlen und dem Beugungswinkel eine sehr einfache Beziehung besteht. Somit ist es möglich, die tatsächlichen Abstände zwischen den Atomen zu messen. Es gibt noch verschiedene andere Methoden, um unter Verwendung von Röntgenstrahlen die innere Struktur von Kristallen zu untersuchen, doch sie alle sind Variationen der beiden beschriebenen Grundprinzipien. Mit Hilfe dieser Methoden können wir also erkennen, daß es eine absolute Entsprechung zwischen innerer Form (der Elementarzelle) und äußerer Gestalt gibt.

Eine letzte wichtige Theorie soll noch erwähnt werden. Dabei geht es um die Beziehung zwischen der Dichte der Atome und den Oberflächen des Kristalls. Wenn wir einen Kristall durchschneiden und die Oberfläche mit einem sehr starken Mikroskop betrachten würden, so könnten wir etwas sehen, das der Abbildung 24 ähnelt, wobei jeder Punkt die

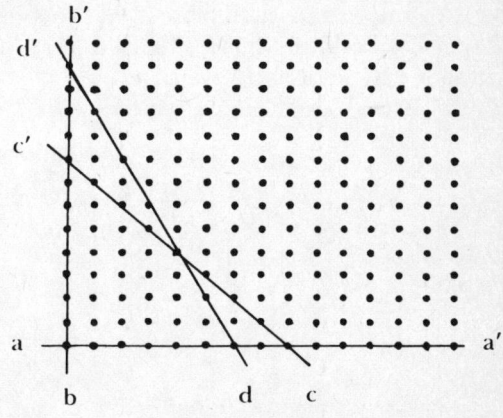

Abb. 24: Kristallpunktsystem

43

Position eines Atoms darstellt. Wir würden entdecken, daß die größten Flächen auf dem Kristall die sind, an denen die größte Anzahl von Atomen erscheint – in diesem Fall die Linien *a-a'* und *b-b'*. Wir würden auch sehen, daß die nächstgrößte Oberfläche mit der zweitgrößten atomaren Dichte korrespondiert (Linie *c-c'*), die drittgrößte auch die drittgrößte Konzentration aufweist (Linie *d-d'*), und so weiter.

Klassifikation von Kristallformen

Zu Anfang des neunzehnten Jahrhunderts steckte die Atomtheorie noch in ihren Kinderschuhen. Die Wissenschaft der Chemie war ebenfalls in den Anfängen, und viele chemische Elemente waren damals noch unbekannt. Hinzu kommt, daß viele Mineralien ohnehin nur schwer in ihre chemischen Bestandteile zu zerlegen sind. Man möge sich die Verwirrung der damaligen Mineralogen vorstellen, denen jegliche chemische Grundlage zum Studium der Kristalle fehlte: Wie sie an einem Tisch sitzen und möglicherweise Hunderte oder gar Tausende von verschiedenen Kristallen vor sich liegen haben und irgendeine rationale Grundlage zu finden versuchen, um die einzelnen Kristalle zueinander in Beziehung zu setzen. In früheren Zeiten war eine der üblichen Methoden zur Kategorisierung von Kristallen die der Farbbestimmung. Doch wie wir aus Abbildung 25 ersehen können, haben die Kristalle dreier verschiedener Mineralien, die alle rot sind, ansonsten nur geringfügige oder gar keine Gemeinsamkei-

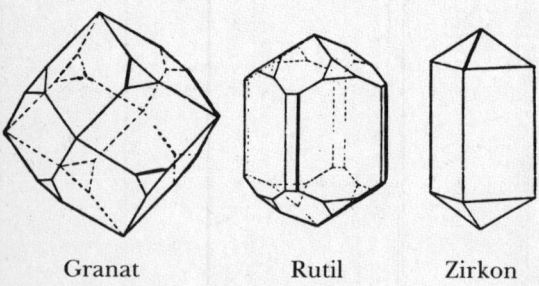

Granat   Rutil   Zirkon

Abb. 25: Rote Mineralien

ten. Einem amerikanischen Mineralogen, James White Dana, kommt das Verdienst zu, ein System geschaffen zu haben, mit dessen Hilfe die Kristalle nach ihren geometrischen Eigenschaften klassifiziert werden. Wie dieses System entstand, möchte ich anhand eines imaginären Szenarios beschreiben. (Ich bitte Mr. Dana hierfür um Verzeihung.) Stellen wir uns Mr. Dana einmal mit einer riesigen Kiste von Kristallen aller Größen, Formen und Farben vor. Vielleicht hatte er daraus einen kubischen Kristall des Minerals Pyrit herausgenommen und über dessen perfekte geometrische Form nachgedacht, den Würfel, die vollkommenste aller im Reich der Mineralien vorkommenden Formen. Vielleicht hielt er diesen Würfel zwischen Daumen und Zeigefinger, wobei die beiden Finger auf zwei einander entgegengesetzten Seiten des Würfels ruhten. Dann machte er möglicherweise eine Entdeckung: Wenn er den Würfel um 90 Grad drehte, so erschien er genau so, wie vor der Drehung – mit anderen Worten, dem Betrachter war jetzt eine andere qua-

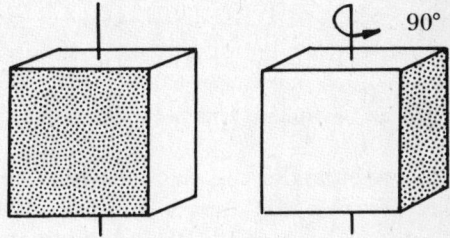

Abb. 26: Rotationsachse im Würfel

dratische Oberfläche zugewandt. Weiterhin könnte er bemerkt haben, daß auch nach einer weiteren Drehung wieder eine identische Oberfläche sichtbar wurde. Dieser Vorgang wird in Abbildung 26 dargestellt. Nachdem Mr. Dana das Objekt um 360 Grad gedreht hatte, hatte er viermal identische Oberflächen gesehen. Wenn er den gleichen Würfel auf zwei anderen Flächen festgehalten hätte und dann ebenso verfahren wäre wie zuvor, hätte er nach den Drehungen ebenfalls viermal eine Quadratoberfläche wahrnehmen können. Bei Wiederholung des Verfahrens mit den letzten beiden noch verbliebenen gegenüberliegenden Oberflächen (ein Würfel besteht aus drei Paaren gegenüberliegender Oberflächen, die im rechten Winkel zueinander stehen) hätte er das gleiche festgestellt. Da er diesen Kristall um eine imaginäre Achse rotiert hatte und weil er vier Wiederholungen von identischen Oberflächen beobachten konnte, während er den Körper um 360 Grad rotieren ließ, beschloß er, dies eine vierfache Rotationsachse zu nennen. Und da dies mit drei verschiedenen Oberflächenpaaren möglich war, sagte er, der Würfel habe drei vierfache Rotationsachsen. Er

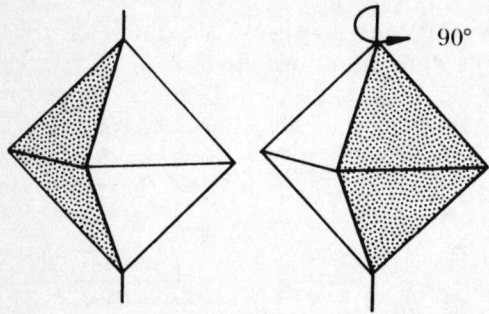

90°

Abb. 27: Symmetrieachse im Oktaeder

hätte auch einen Oktaeder aus seiner Kiste heraussuchen und entdecken können, daß dieser ebenfalls drei vierfache Rotationsachsen hat (siehe Abb. 27), ebenso wie ein Dodekaeder. Diese drei Formen sind in Abbildung 28 dargestellt.

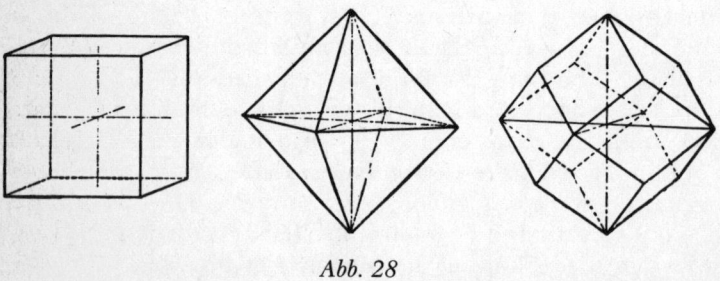

Abb. 28

Beim Studium dieser drei Formen machte er außerdem noch eine weitere interessante Entdeckung: Wenn man einen Würfel genau in der Mitte durchschneidet, erhält man zwei Hälften, die exakte Spiegelbilder voneinander sind, egal ob man einen Würfel vertikal oder horizontal durchschneidet. In der Geometrie sagt man dazu: man schneidet einen Festkörper mit einer Ebene. Da die beiden Hälften auf beiden Seiten der Ebene absolut symmetrisch sind, werden sie Symmetrieebenen genannt. Die Hauptsymmetrieebenen des Würfels sind in Abbildung 29 dargestellt. Ebenen, die

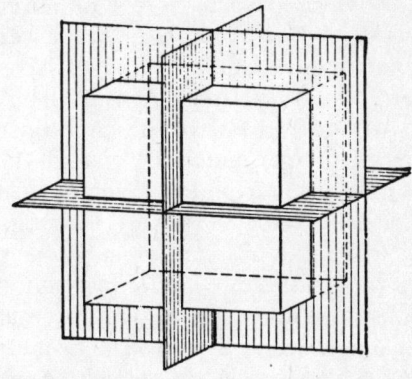

Abb. 29: Hauptsymmetrieebenen im Würfel

diagonal durch den Würfel verlaufen, führen zum gleichen Ergebnis (siehe Abb. 30). Das heißt, jede dieser Ebenen, die durch den Würfel gelegt wird, erzeugt zwei Hälften, die Spiegelbilder voneinander sind.

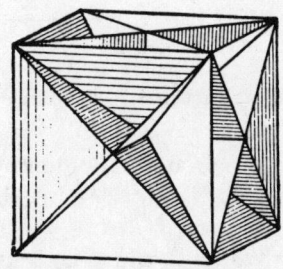

Abb. 30: Diagonale Symmetrieebenen im Würfel

47

Wenn man Symmetrieebenen durch den Oktaeder oder den Dodekaeder legt, kommt man zu den gleichen Ergebnissen. Deshalb sind, geometrisch betrachtet, Würfel, Oktaeder und Dodekaeder miteinander verwandt. Noch eine andere wichtige Beobachtung über diese drei geometrischen Formen wurde gemacht: Die Symmetrieachsen sind alle von gleicher Länge und stehen im Winkel von 90 Grad zueinander. Obgleich dies Symmetrieachsen sind, müssen wir auch berücksichtigen, daß die äußere Form genau der inneren Struktur entspricht, und daß daher die geometrische Verwandtschaft der Symmetrieachsen ihre Entsprechung in der Geometrie der Atomanordnung hat. Daher werden geometrische Achsen auch zu kristallografischen Achsen, und alle Kristalle, deren kristallografische Achsen die gleiche Beziehung zum Würfel aufweisen wie die Achsen des Würfels, fallen unter das gleiche geometrische System wie der Würfel.

In der Kristallografie wird dies zum ersten Klassifikationssystem, genannt *isometrisches* System (ein lateinisches Wort, das »gleiches Maß« bedeutet), oder auch *kubisches* System. Alle Kristalle, die kristallografische Achsen von gleicher Länge haben, die im Winkel von 90 Grad zueinander stehen, gehören zum isometrischen System. Die isometrischen Achsen werden in Abbildung 31 dargestellt. Alle Kristalle im

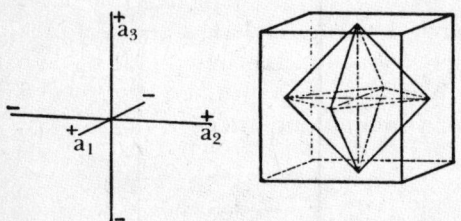

Abb. 31: Isometrische Achsen

isometrischen System haben auch eine kubische Elementarzelle (siehe Nummer I, II oder III in Abb. 16). Bei jedem einzelnen Kristall können beliebig viele oder sogar alle Grundformen gleichzeitig vorhanden sein, und dies in den verschiedensten Kombinationen (siehe Abb. 32–36).

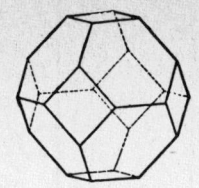

Abb. 32: Oktaeder und
Würfel

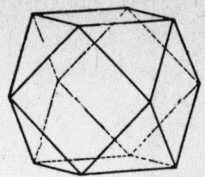

Abb. 33: Würfel und
Oktaeder

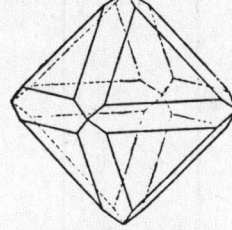

Abb. 34: Oktaeder und
Dodekaeder

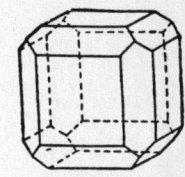

Abb. 35: Würfel, Dodekaeder
und Dodekaeder

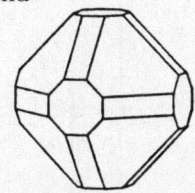

Abb. 36: Würfel, Dodekaeder
und Oktaeder

Untergruppen innerhalb jedes Systems können auf Grund der Anzahl der Symmetrieachsen gebildet werden, wobei die Elementarzellen immer noch die gleichen sind und die grundlegenden Beziehungen der kristallografischen Achsen zueinander erhalten bleiben. Weitere Formen, die zum isometrischen System zu rechnen sind, geben die Abbildungen 37–46 wieder. Kristalle aus zwei verschiedenen Mineralien, die die Vielfalt der möglichen Formen zeigen, sind in den Abbildungen 47 und 48 dargestellt.

Nachdem Mr. Dana auf diese Weise eine ganze Reihe von Kristallen aus seiner Kiste hervorgeholt hatte, die er dem isometrischen System zuordnete, wandte er sich schließlich

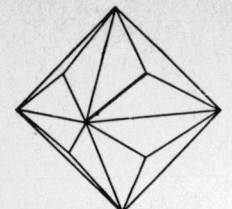

Abb. 37: Triakisoktaeder

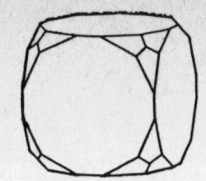

Abb. 38: Triakisoktaeder
und Würfel

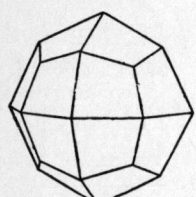

Abb. 39: Trapezoeder

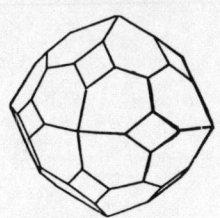

Abb. 40: Trapezoeder
und Oktaeder

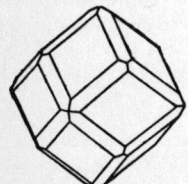

Abb. 41: Dodekaeder
und Trapezoeder

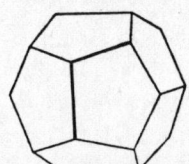

Abb. 42: Pyritoeder

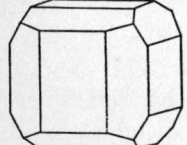

Abb. 43: Pyritoeder
und Würfel

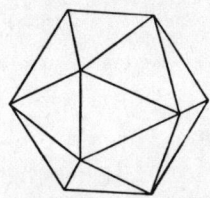

Abb. 44: Oktaeder
und Pyritoeder

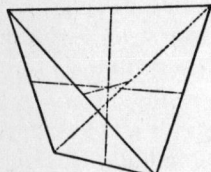

Abb. 45: Tetraeder

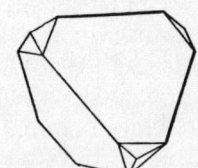

Abb. 46: Tetraeder
und Dodekaeder

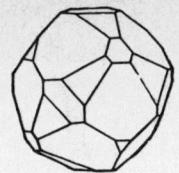 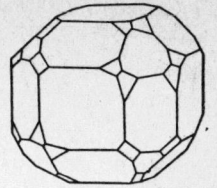

Abb. 47: Sphalerit   *Abb. 48:* Borazit

wieder den verbleibenden zu und wählte eine weitere
Gruppe daraus aus. Dabei entdeckte er, daß in dieser Gruppe
die kristallografischen Achsen ebenfalls im Winkelverhältnis
von 90 Grad zueinander stehen, daß jedoch in diesem Fall
eine Achse länger oder kürzer als die anderen beiden ist,
deren Länge gleich ist. In diesem System werden die Achsen
von gleicher Länge wie im isometrischen System als *a-a'*
bezeichnet, die mit abweichender Länge hingegen als C-
Achse (siehe Abb. 49). Dieses System wird *tetragonales* System
genannt.

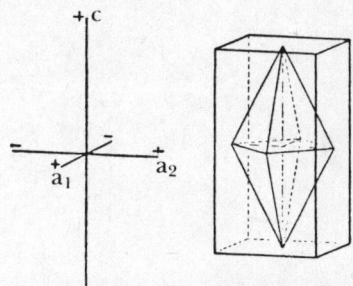

Abb. 49: Tetragonale Achsen

Die Elementarzellen des tetragonalen Systems sind die
Zellen IV und V (siehe Abb. 16). Es ist leicht zu erkennen, daß
die Elementarzellen des tetragonalen Systems im Querschnitt rechteckig sind, und gestreckt. Sie werden bemerken,
daß tetragonale Kristalle die gleiche Erscheinungsform haben. Wie das isometrische System ist auch das tetragonale
System in verschiedene Klassen unterteilt, wiederum auf
Grund von Symmetrie. Die Abbildungen 50–55 zeigen typische Kristalle des tetragonalen Systems.

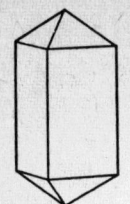 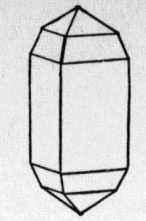 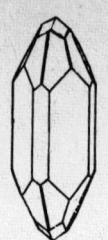

Abb. 50: Zirkon

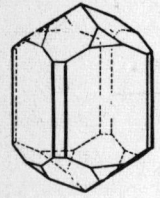  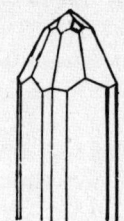

Abb. 51: Rutil

 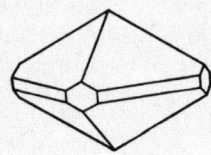

Abb. 52: Vesuvian

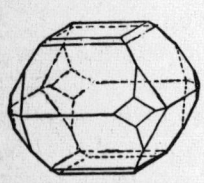 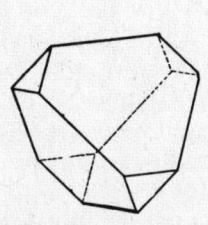 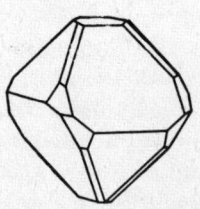

Abb. 53: Wulfenit

Abb. 54: Tetraedrit

Abb. 55: Chalkopyrit

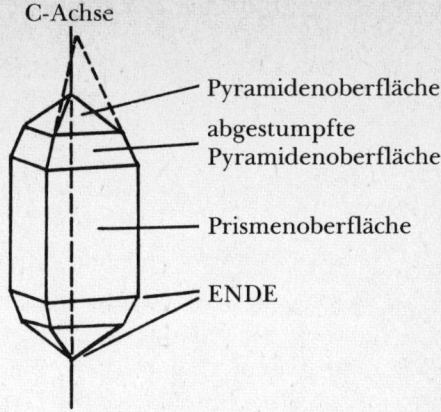

C-Achse

Pyramidenoberfläche

abgestumpfte
Pyramidenoberfläche

Prismenoberfläche

ENDE

Abb. 56: Kristalloberflächen

Alle Kristallsysteme außerhalb des isometrischen Systems haben eine C-Achse, und auf Grund dieser Achse gibt man den Kristalloberflächen bestimmte Namen. Eine Kristalloberfläche, die parallel zur C-Achse verläuft, nennt man eine *Prismen*oberfläche. Diese ist gewöhnlich von rechteckiger Form (siehe Abb. 56). Oberflächen, die die C-Achse durchschneiden, werden gewöhnlich *Pyramiden*oberflächen genannt, und sie sind oft dreieckig. Wenn Pyramidenoberflächen vorhanden sind, die in verschiedenen Winkeln zur C-Achse stehen, so sind gewöhnlich die Spitzen aller außer der letzten »abgeschnitten« (siehe Abb. 56). Oberflächen, die senkrecht zur C-Achse verlaufen, nennt man *Pinakoide.* Die Kombination von Oberflächen, die den Abschluß eines Kristalls bilden, nennt man das *Ende.* Pinakoide Oberflächen sind am Ende des Kristalls in Abb. 56 zu sehen. Wenn ein Kristall an beiden Enden einen Abschluß hat, so sagt man, er sei *doppelendig.* Das nächste System, das Mr. Dana studiert haben könnte, ist das *hexagonale* System, das aus den Elementarzellen VI und VII (siehe Abb. 16) zusammengesetzt ist und vier statt drei Achsen aufweist. In diesem Fall gibt es drei horizontale Achsen von gleicher Länge in einer gemeinsamen Ebene, die sich im Winkel von jeweils 60 Grad schneiden, und eine vierte, vertikale Achse, die rechtwinklig zu den übrigen steht (siehe Abb. 57).

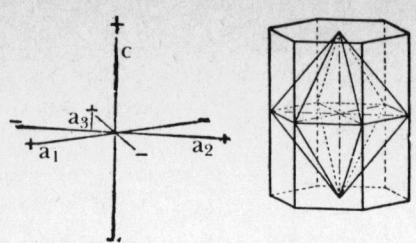

Abb. 57: Hexagonale Achsen

Das hexagonale System ist weiterhin unterteilt in zwei Untergruppen: die *hexagonale* Gruppe und die *rhomboedrische* Gruppe. Die rhomboedrische Gruppe wird von einigen Autoren auch *trigonales System* genannt, und in einigen Lehrbüchern wird sie als ein vom hexagonalen System separates aufgeführt. Dies ist hauptsächlich in europäischen Publikationen der Fall, und auf diese Weise ergeben sich insgesamt sieben Systeme statt der von Dana beschriebenen sechs. Ich selbst bin der Ansicht, daß die rhomboedrische Gruppe eindeutig ein Bestandteil des hexagonalen Systems ist, da auch bei dieser Untergruppe die hexagonalen Achsen vorhanden sind (siehe Abb. 58). Außerdem werden viele Kristalle, deren Form eindeutig hexagonal ist, wie etwa hexagonale Quarzkristalle, dieser Gruppe zugeordnet. Den Gedanken, nach sieben Systemen zu suchen, legt die esoterische Bedeutung der Zahl 7 nahe, aber diese Art von Versuchungen führt oft weit von der Realität weg.

Wie bei anderen Systemen gibt es auch hier eine weitere Unterteilung in Untergruppen, die wiederum auf Grund bestimmter symmetrischer Eigenschaften durchgeführt

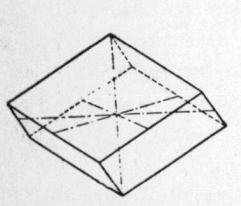

Abb. 58: Rhomboeder

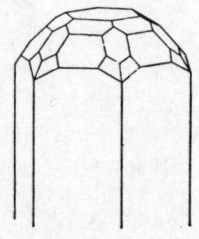

Abb. 59: Beryll

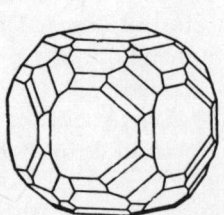

Abb. 60: Apatit

54

wird. Kristalle verschiedener Mineralien aus der hexagonalen Klasse des hexagonalen Systems sind in den Abbildungen 59 und 60 dargestellt.

Die rhomboedrische Klasse des hexagonalen Systems ist ihrerseits ebenfalls in mehrere Klassen unterteilt, und Kristalle der verschiedenen Mineralkristallisationen dieser Klasse sind in den Abbildungen 61–65 dargestellt. Wie man aus diesen Darstellungen ersehen kann, befinden sich die meisten Mineralien, die traditionell als hexagonal angesehen werden, in dieser Gruppe.

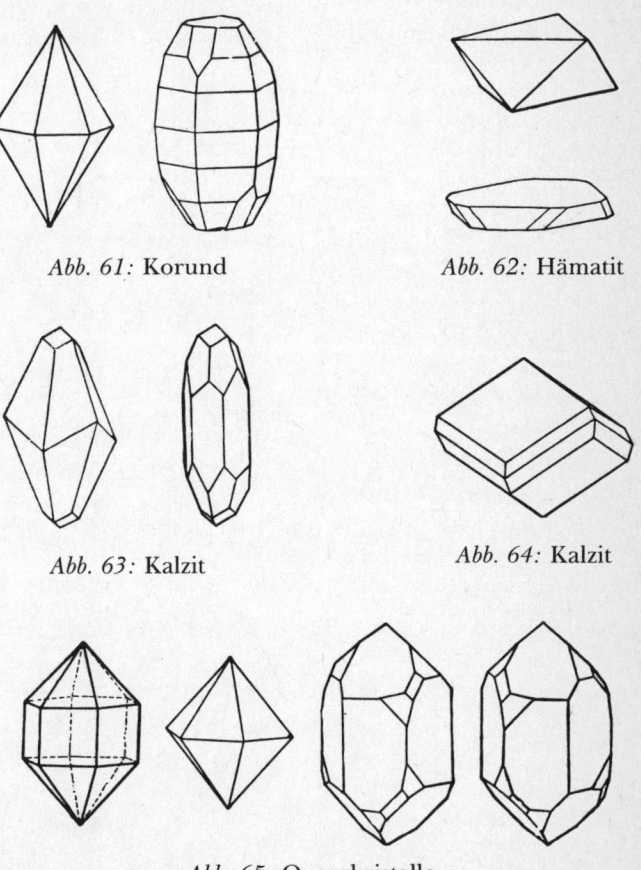

Abb. 61: Korund

Abb. 62: Hämatit

Abb. 63: Kalzit

Abb. 64: Kalzit

Abb. 65: Quarzkristalle

Wenn wir mit unserem imaginären Szenario fortfahren, so wäre Mr. Danas Kristallkiste nun etwa halb leer, und nachdem er die zum hexagonalen System gehörenden Kristalle entfernt hat, entdeckte er eine weitere Gruppe von Kristallen. Sie ähneln denen der ersten beiden Systeme, und bei ihnen stehen die kristallografischen Achsen ebenfalls wieder im Winkel von 90 Grad zueinander. In diesem Fall jedoch haben sie alle verschiedene Längen. Dieses System wird *orthorhombisches* System genannt, in einigen Büchern wird es auch als rhombisches oder prismatisches System bezeichnet. Die Achsen des orthorhombischen Systems sind in Abbildung 66 dargestellt. Diese Kristalle bestehen aus den

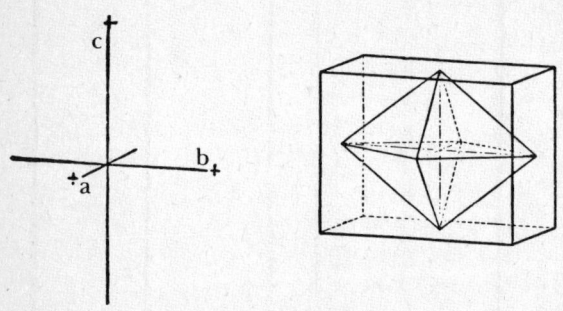

Abb. 66: Orthorhombische Achsen

Elementarzellen X und XI (siehe Abb. 16). Kristalle verschiedenster Mineralien, die sich nach diesem System bilden, werden in den Abbildungen 67—70 gezeigt. Mr. Danas Kiste

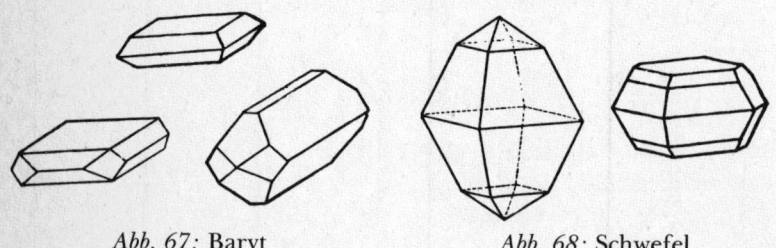

Abb. 67: Baryt   *Abb. 68:* Schwefel

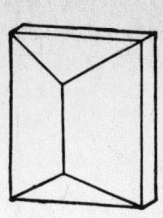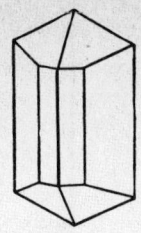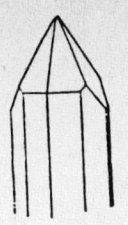

Abb. 69: Staurolith   *Abb. 70:* Topas

wäre nun fast leer, aber sie enthielte immer noch ein paar
Kristalle einer sehr großen Mineralgruppe: der Feldspäte.
Feldspäte sind die Kristalle, die auf der Erde am häufigsten
vorkommen. Sie bestehen hauptsächlich aus Siliziumdioxid
und Kalium oder aus Siliziumdioxid und Natrium. Die meisten Feldspäte kristallisieren zu einer Form des fünften Systems, ein paar von ihnen zu einer Form des sechsten. Kristalle des fünften Systems haben drei Kristallachsen von
unterschiedlicher Länge, wobei die Achsen a und b in der
gleichen Ebene liegen, die Ebene der Achsen im Verhältnis
zur C-Achse jedoch gekippt ist. Dieses System wird *monoklines*
System genannt. Formen von Mineralien, die im monoklinen

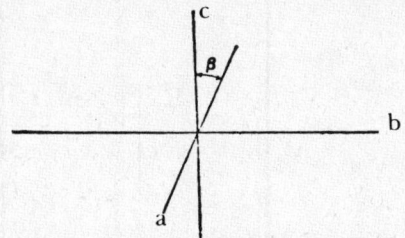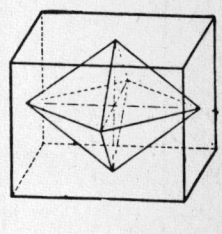

Abb. 71: Monokline Achsen

System kristallisieren, zeigen die Abbildungen 72 und 73.
Diese Kristalle bilden sich aus den Elementarzellen XII und
XIII (siehe Abb. 16, S. 34).

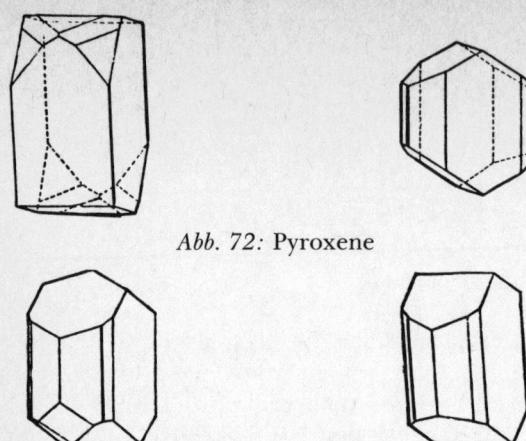

Abb. 72: Pyroxene

Abb. 73: Orthoklas

Das letzte Kristallsystem wird *triklines* System genannt. Es hat drei Achsen von verschiedener Länge. Keiner der Winkel zwischen jeweils zwei Achsen ist ein rechter Winkel. Die triklinen Achsen sind in Abbildung 74 dargestellt, und typische trikline Kristalle werden in den Abbildungen 75–77 gezeigt. Die Elementarzelle des triklinen Systems ist die Zelle XIV (siehe Abb. 16).

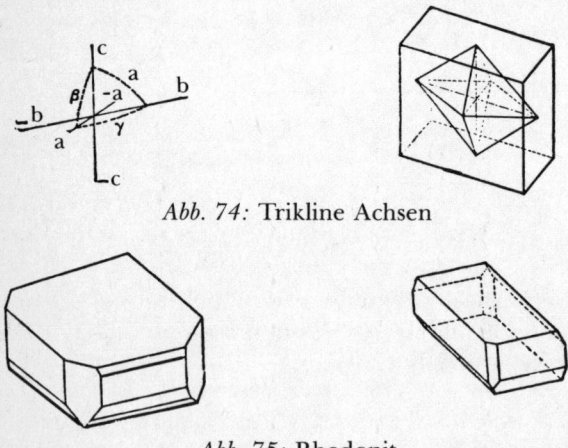

Abb. 74: Trikline Achsen

Abb. 75: Rhodonit

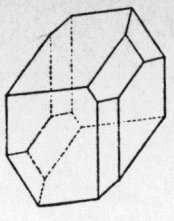

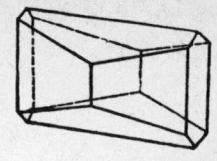

Abb. 76: Axinit   Abb. 77: Albit

Zwillingskristalle

Einige Repräsentanten aller sechs Kristallsysteme bilden eine
weitere Gruppe von Kristallen. Sie werden Zwillingskristalle
genannt und bestehen aus zwei oder mehr identischen Kristallen, die in einem bestimmten Muster zusammengewach-
sen sind. Die erste Art von Zwillingen wird *Durchdringungs-
zwillinge* genannt. Beim Durchdringungszwilling, wie er am
Beispiel der Mineralien Fluorit und Staurolith in den Abbildungen 78 und 79 dargestellt ist, scheinen zwei oder mehr

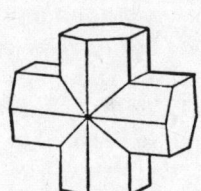
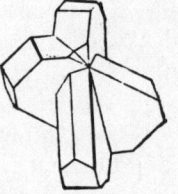
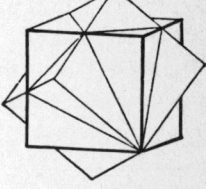

Abb. 78: Staurolith   Abb. 79: Fluorit

vollständige Kristalle einander zu durchdringen. Tatsächlich
haben diese Kristalle ein gemeinsames Zentrum, und sie sind
von diesem Zentrum aus in zwei verschiedene und doch
miteinander verbundene Richtungen gewachsen. Ebenso ist
es möglich, daß sich an den gemeinsamen Oberflächen meh-
rerer Kristalle entlang Zwillinge bilden, was zur Entstehung
eines kreisförmig erscheinenden Kristalls führt, der manchmal *zyklischer Zwilling* genannt wird. Solche Zwillinge sind der
Chrysoberyll und eine bestimmte Form des Staurolith (siehe

59

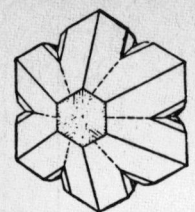

Abb. 80: Chrysoberyll

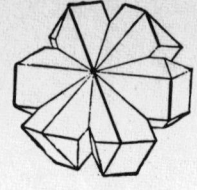

Abb. 81: Staurolith

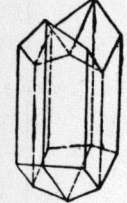

Abb. 82: Gips

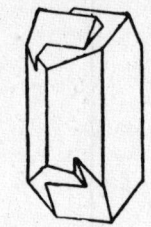

Abb. 83: Feldspat

Abb. 80 und 81). Weitere Zwillinge zeigen die Abbildungen 82 und 83. Das Mineral Quarz produziert auch noch eine andere interessante Gruppe von Zwillingskristallen. Dabei scheinen zwei Kristalle praktisch den gleichen Raum auszufüllen, so daß sie wie ein einziger Kristall wirken. Diese Art von Zwilling wird Rechtsquarz genannt, im Gegensatz zum »normalen« Linksquarz. Diese Namen leiten sich von der Tendenz der tetraedrischen Quarzmoleküle her, sich spiralförmig anzuordnen. Beim Linksquarz dreht sich die Spirale nach links, beim Rechtsquarz hingegen dreht sie sich *sowohl* nach links wie nach rechts.

Es gibt keine Quarzkristalle, bei denen sich die Spirale *nur* nach rechts dreht, über dieses Thema herrscht unter esoterischen Autoren eine Menge Verwirrung. Der Rechtsquarz wird durch das Vorhandensein mindestens einer rautenförmigen Oberfläche rechts von der größten Pyramidenfläche des Kristalls identifiziert (siehe Abb. 84). Wenn die Raute links von der größten Pyramidenfläche erscheint, handelt es sich um einen Linksquarz. Die meisten Quarzkristalle sind eine Mischung aus beiden Formen.

(a) Linksquarz   (b) Rechtsquarz

Abb. 84: Quarz

Verzerrte Formen

Die Kristalle, die bisher in diesem Kapitel dargestellt wurden, sind idealisierte Formen, die in der Natur nur unter sehr günstigen Bedingungen entstehen. Die Abbildungen 85 und 86 zeigen neben der idealisierten Form eines Kristalls auch verzerrte Kristalle, wie sie im allgemeinen in der Natur zu finden sind. Man sollte jedoch bedenken, daß sich die Gesetze der Symmetrie, aus denen sich die Kristallsysteme herleiten, auf die *Position* ihrer Oberflächen zueinander beziehen, nicht auf ihre tatsächlichen Dimensionen. Ein verzerrter Kristall enthält daher die symmetrischen Grundelemente genauso wie ein idealer.

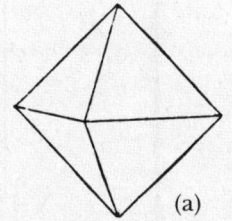 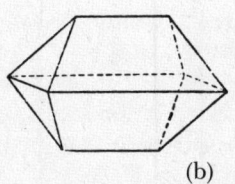 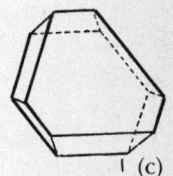

(a)   (b)   (c)

Abb. 85: Verzerrte Oktaeder

61

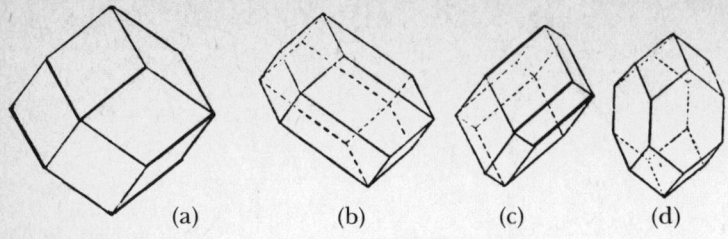

Abb. 86: Verzerrte Dodekaeder

Einschlüsse

Es gibt außerdem bei Kristallen auch noch zahlreiche Arten von inneren Unvollkommenheiten, von denen viele für das bloße Auge nicht erkennbar sind. Eine der verbreitetsten Arten wird *Einschluß* genannt. Damit bezeichnet man jede Art von Fremdkörper innerhalb des Kristalls. Diese sind sehr verbreitet, und es kann sich dabei um Kristalle anderer Mineralien, um Gasblasen oder um Flüssigkeiten handeln. Die sogenannten schwarzen Punkte, die bei Diamanten auftreten, sind nichts anderes als winzige Kristalle der Mineralien Graphit und Olivin, die sich gleichzeitig mit dem Diamant gebildet und in irgendeinem Stadium der Entstehung des Diamantkristalls an eine der sich bildenden Oberflächen geheftet haben. Ein anderes Beispiel sind die häufig beim Sternsaphir oder beim Rubin auftretenden winzigen Kristalle des Minerals Rutil, die sich innerhalb des Saphirkristalls zu gewissen Mustern anordnen. Wenn der Kristall in einer bestimmten Richtung geschnitten und poliert wird, bildet die Reflexion des Lichts durch diese winzigen Rutilpartikel ein Sternmuster.

Klassifikation von Mineralien

Während man Kristalle anhand ihrer Geometrie klassifiziert, geschieht dies bei Mineralien anhand ihrer chemischen Zusammensetzung. Man erinnere sich daran, daß ein Kristall immer ein Mineral ist (und gemäß der Definition charakteristisch für dieses Mineral), daß Mineralien hingegen nicht immer Kristalle bilden. Unsere Definition der Mineralien besagte, daß Mineralien stets eine feststehende chemische Zusammensetzung aufweisen, nach der wir sie klassifizieren.

Klassifikationsschema

   I Natürliche Elemente
  II Sulfide, Selenide, Telluride, Arsenide, Antimonide
 III *Sulfite* – Sulfarsenite, Sulfantimonite, Sulfo-Bismutite
 IV *Haloide* – Chloride, Bromide, Jodide, Fluoride
  V Oxide
 VI *Salze von Sauerstoffsäuren*
    1. Karbonate
    2. Silikate, Titanite
    3. Niobate, Tantalate
    4. Phosphate, Arsenate, Vanadate, Antimonate, Nitrate
    5. Borate, Uranate
    6. Sulfate, Chromate, Tellurate
    7. Wolframate, Molybdate
 VII *Salze organischer Säuren* – Oxalate, Mellit, usw.
VIII Kohlenwasserstoff-Verbindungen

Die erste Gruppe von Mineralien wird einfach *natürliche Elemente* genannt. Dies sind Elemente, die in der Natur ohne Bindungen an andere Elemente vorkommen. Typische Beispiele hierfür sind Gold, Silber, Platin, Schwefel, Kupfer und Kohle (in Form von Diamant und Graphit). Kristalle einiger dieser Mineralien zeigen die Abbildungen 87–90.

 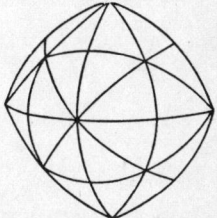

Abb. 87: Diamantkristalle

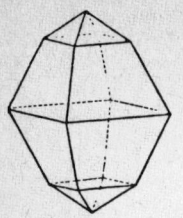
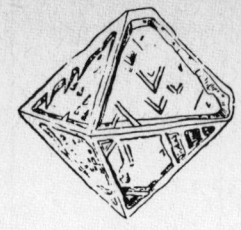
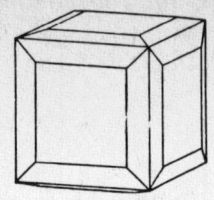

Abb. 88: Schwefel   *Abb. 89:* Gold   *Abb. 90:* Kupfer

In Gruppe II ist die am häufigsten anzutreffende Gruppe von Mineralien die der *Sulfide*. Diese Gruppe ist chemisch einfach, da sie nichts weiter als ein Metall (X) benötigt und dazu Schwefel (X)S. Aus folgenden Mineralien werden häufig Kristalle gebildet: Galenit oder Bleiglanz (PbS), bei dem das X-Metall Blei ist (siehe Abb. 91); Sphalerit oder Zinkblende (ZnS), wobei das X-Metall Zink ist (siehe Abb. 92); Pyrit oder Schwefelkies (FeS_2), wobei das X-Metall Eisen ist (siehe Abb. 93) – Pyrit kristallisiert nach dem isometrischen System – und schließlich Markasit, das mit Pyrit chemisch identisch ist, jedoch nach dem orthorhombischen System kristallisiert.

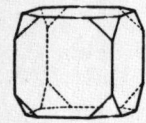
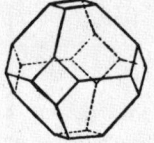

Abb. 91: Galenit

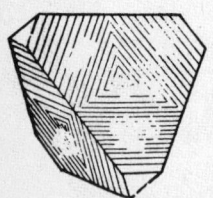
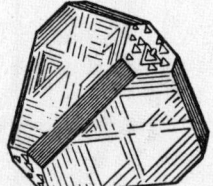

Abb. 92: Sphalerit

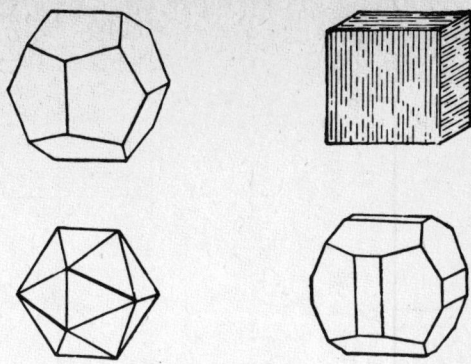

Abb. 93: Pyrit

Pyrit und Markasit sind auch ausgezeichnete Beispiele dafür, wie ein Mineral nicht nur auf Grund seiner chemischen Zusammensetzung, sondern außerdem auch anhand seiner Kristallform kategorisiert wird (man erinnere sich daran, daß jedes Mineral eine charakteristische Form hat). Wenn wir zwei Mineralien gleicher chemischer Zusammensetzung haben, die jedoch verschiedene Kristallsysteme bilden, so sind sie tatsächlich zwei verschiedene Mineralien, und folglich gibt man ihnen auch verschiedene Namen. Diese Situation liegt auch in anderen Mineralgruppen vor, worauf im weiteren Verlauf dieser Beschreibung noch hingewiesen wird.

Gruppe III, die *Sulfite,* wird man kaum als große einzelne Kristalle finden, und sie sind auch im allgemeinen nicht erhältlich.

Die Elemente der Gruppe IV, der *Haloide* (Halogenide), werden aus einem Metall und einem chemischen Stoff der Halogengruppe gebildet – Chlor, Brom, Jod oder Fluor.

In dieser Gruppe finden wir Mineralien wie Halit (Steinsalz – NaC1) und Fluorit (CaF$_2$), auch Flußspat genannt (siehe Abb. 94 und 95).

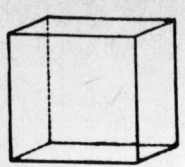 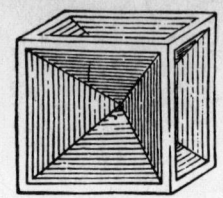

Abb. 94: Halit

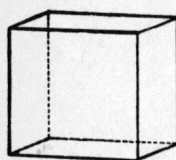 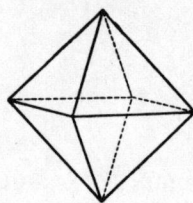

Abb. 95: Fluorit

Die nächste Gruppe ist die der *Oxide,* sie wird durch die Verbindung einiger Metalle (X) mit Sauerstoff gebildet. Wenn das Metall Silizium (Si) ist, so ist das daraus entstehende Mineral Quarz (SiO_2; siehe Abb. 96). Wenn das Metall Titan (Ti) ist, so entsteht daraus das Mineral Rutil (TiO_2; siehe Abb. 97). Wenn Sauerstoff und die Metalle sich in einem etwas anderen Verhältnis miteinander verbinden, erhalten wir Mineralien wie Korund (dessen rote Varietät der Rubin und dessen blaue Varietät der Saphir ist). Dabei ist Aluminium das X-Metall, die chemische Formel lautet Al_2O_3 (siehe Abb. 98). Andere verbreitete Mineralien dieser

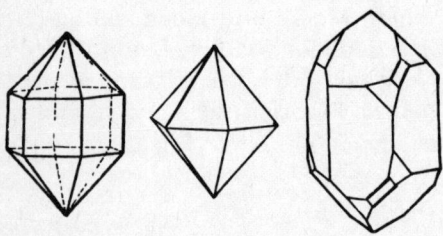

Abb. 96: Quarzkristalle

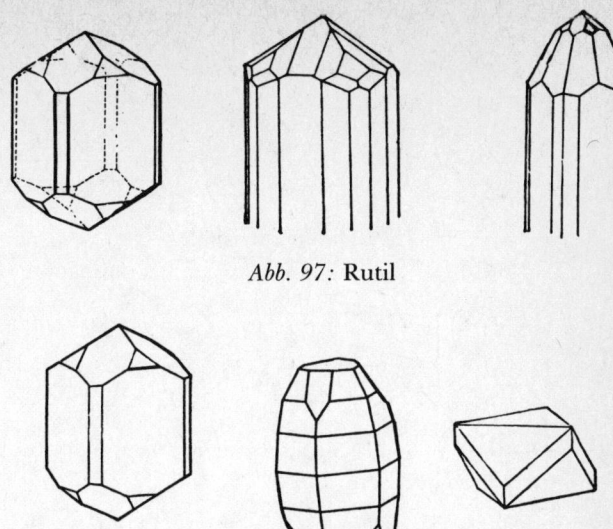

Abb. 97: Rutil

Abb. 98: Korundkristalle

Gruppe sind Spinell, Magnetit (Magneteisenstein) und Hämatit. Ebenfalls zu dieser Gruppe zählt das Oxid von Zinn,
der Kassiterit (siehe Abb. 99–102).

Im Hinblick auf das Gesamtvorkommen auf der Erde sind
die Feldspäte zwar die vorherrschenden Mineralien, doch
der Quarz hat die größte Anzahl von Varietäten und ist
wahrscheinlich das zweithäufigste Mineral. Mineralogen unterteilen die Formen des Quarz in zwei Gruppen – die

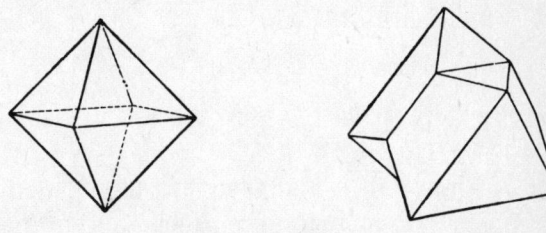

Abb. 99: Spinellkristalle

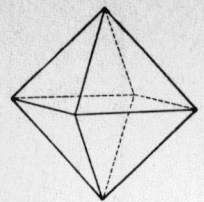 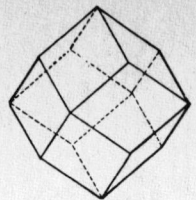

Abb. 100: Magnetitkristalle

Abb. 101: Hämatitkristalle

 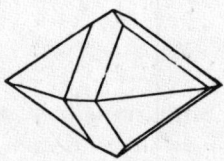

Abb. 102: Kassiteritkristalle

glasigen Erscheinungsformen und die kryptokristallen Quarze, bei denen es sich um mikroskopische Quarzkristalle handelt.

Im Folgenden sind die verschiedenen Quarzarten beider Gruppen aufgelistet und beschrieben:

Bergkristall
Farbloser oder fast farbloser Quarz.

Sternquarz
Enthält Einschlüsse von submikroskopischen Nadeln eines anderen Minerals, die einen Stern ergeben, wenn man ihn poliert.

68

Amethyst
Klarer Purpur oder bläuliches Violett – die Farbe ist wahrscheinlich auf Eisenspuren zurückzuführen.

Rosenquarz
Rosé oder pink, im allgemeinen massiv. Die Farbe ist möglicherweise auf Titan zurückzuführen.

Zitrin (gelblicher Bergkristall)
Die gelbe Farbe erinnert an gelben Topas.

Rauchquarz
Rauchig gelb bis rauchig-dunkelbraun oder schwarzbraun. Alle fast schwarzen Varietäten heißen Morion.

Milchquarz
Milchweiß und fast opak.

Sagenit
Schließt nadelartige Rutilkristalle oder schwarzen Turmalin ein oder andere Mineralien wie Asbest, Hornblende, Epidot.

Katzenauge
Opalisiert (schillert), jedoch ohne prismatische Farben. Tigerauge ist ebenfalls eine Varietät des Chrysoberyll.

Aventurin
Übersät mit Ablagerungen von Glimmer, Hämatit oder anderen Mineralien.

Chalzedon
Hat fast den Glanz von Wachs; transparent bis lichtdurchlässig; Farben: weiß, grau, blau, hellbraun bis dunkelbraun, schwarz; es gibt auch Nuancen mit anderen Namen.

Karneol, Sarder
Ein klarer roter Chalzedon in hellen bis kräftigen Nuancen, auch in braunrot bis braun.

Chrysopras
Ein apfelgrüner Chalzedon, dessen Farbe auf Nickeloxid zurückzuführen ist.

Prasem
Durchscheinendes und trübes Lauchgrün.

Plasma

Ziemlich helles Grün, manchmal fast smaragdgrün. Der Heliotrop oder Blutstein ist im Prinzip der gleiche Stein, mit kleinen Punkten aus rotem Jaspis, die wie Blutstropfen aussehen.

Achat

Ein geschichteter Chalzedon, entweder streifenförmig oder unregelmäßig gefleckt oder mit sichtbaren Verunreinigungen, wie beim Moosachat, bei dem braune oder grüne moosähnliche Formen im Gestein verteilt sind. Die Streifen bestehen aus zarten parallen Linien in weißen, hell- und dunkelbraunen, blauen und anderen Farbschattierungen. Sie sind manchmal gerade, verlaufen oft jedoch wellenförmig oder im Zickzack, gelegentlich auch kreisförmig. Es gibt auch achatisiertes Holz – natürliches Holz, das zu Achat geworden ist.

Onyx

Wie Achat; besteht aus verschiedenfarbigen Schichten, aber die Schichten verlaufen in geraden Linien, die Streifen sind regelmäßig.

Sardonyx

Wie Onyx in der Struktur, umschließt jedoch Schichten von Karneol (Sarder) und andere von weißer oder brauner Farbe.

Flint (Feuerstein)

Ähnlich wie Chalzedon, aber stärker opak und mit trüben Farben. Der Flint in Kreideformationen besteht größtenteils aus den Rückständen von Kieselalgen, Schwämmen und anderen Meerestieren.

Jaspis

Verunreinigter opaker, farbiger Quarz; im allgemeinen rot – auch gelb, dunkelgrün und graublau.

Probierstein, Basanit

Ein violett-schwarzer, Siliziumdioxid oder Feuerstein enthaltender Jaspis, der wegen seiner Härte und schwarzen Färbung zum Prüfen der Reinheit wertvoller Metalle benutzt wird.

Dies sind die gängigsten Quarzarten und die Namen, denen die Freunde des Mineralreichs wahrscheinlich begegnen werden.

Der *Opal* ist ebenfalls ein siliziumhaltiges Mineral, dem Quarz ähnlich, jedoch aus Schichten von mikroskopischen Siliziumdioxidteilchen bestehend und mit Wasser in seiner Struktur. Es gibt viele Varietäten des Opals, die bekanntesten sind der *Edelopal* mit seinem wundervollen Farbenspiel und der *Feueropal,* der hyazinthrot bis honiggelb ist und feuerähnliche Reflexionen hat. Die meisten Opale gehören zur Varietät des *gemeinen Opals*, die gewöhnlich transparent bis durchscheinend ist und milchig weiß, gelb oder olivgrün gefärbt.

Innerhalb der Gruppe VI, *Salze von Sauerstoffsäuren,* sind die *Karbonate* wichtig, bei denen sich Kohlenstoff und Sauerstoff mit einem X-Metall verbinden. Wenn in dieser Gruppe das X-Metall Eisen ist, entsteht das Mineral Siderit (Eisenspat; $FeCO_3$); ist das Metall Zink, so entsteht das Mineral Smithsonit (Galmei oder Zinkspat; $ZnCO_3$).

Das X-Metall in der Karbonatgruppe kann auch Kalzium sein, das sich mit Kohlenstoff und Sauerstoff verbindet ($CaCO_3$), so daß Kalzit (Kalkspat) entsteht (siehe Abb. 103) oder das Mineral Aragonit. Chemisch sind beide Mineralien

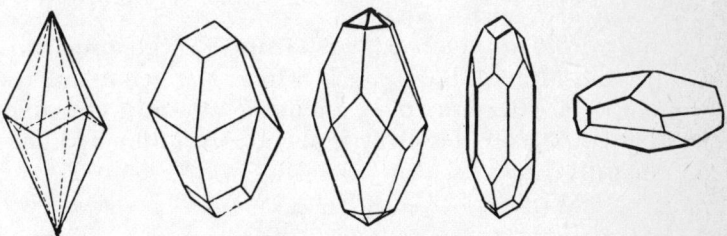

Abb. 103: Kalzitkristalle

identisch, aber beim Kalzit bilden sich die Kristalle entsprechend der rhomboedrischen Gruppe des hexagonalen Systems, wohingegen die Aragonit-Kristalle unter das orthorhombische System fallen. Dies ist ein weiteres Beispiel dafür, daß identische chemische Substanzen als verschiedene

Mineralien klassifiziert werden, wenn ihre Kristalle unter verschiedene Kristallsysteme fallen.

Die Phosphate in der Gruppe VI sind von großer Bedeutung für den menschlichen Körper, da das Knochengewebe hauptsächlich aus dem Mineral Apatit (siehe Abb. 104) besteht, ebenso wie der Zahnschmelz. Apatit besteht aus Kalzium und Fluor in Verbindung mit Phosphor und Sauerstoff.

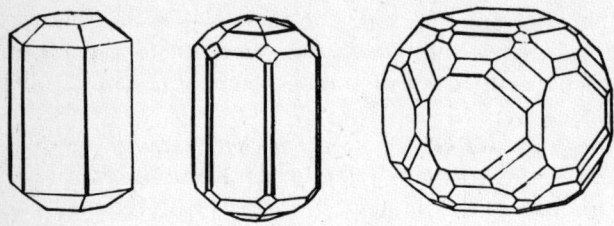

Abb. 104: Apatit

Eine weiteres Phosphatmineral ist ein Eisen-Magnesium-Aluminiumphosphat, das Lazulith genannt wird. Seine Kristalle bilden, wenn sie in Kalzit verstreut sind, den Stein Lapislazuli. Ein anderes Phosphat-Edelsteinmineral ist der Türkis. Er ist gewöhnlich von massiver Form, aber gelegentlich findet man auch Kristalle.

Bei den *Sulfaten,* die auch zur Gruppe VI gehören, finden wir das Mineral Baryt, auch Schwerspat genannt. Dies ist das Metall Barium in Verbindung mit Schwefel und Sauerstoff ($BaSO_4$), dessen Kristalle in Abbildung 105 dargestellt sind.

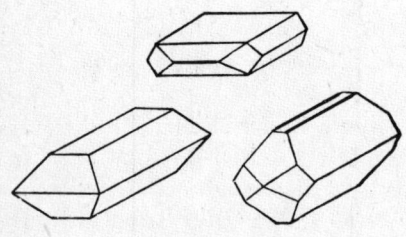

Abb. 105: Baryt

Gips, dessen kristalline Varietät als Selenit bekannt ist, ist ebenfalls ein Sulfat, bei dem sich jedoch Wasser in der kristallinen Struktur befindet. Selenitkristalle sind in Abbildung 106 dargestellt. Außerdem enthält die Gruppe VI die bei weitem größte Mineralfamilie der Erde – die der *Silikate*.

Abb. 106: Gips (Selenit)

Obgleich es eine riesige Bandbreite von Zusammensetzungen gibt, die oft ziemlich komplex sind, haben Untersuchungen mit Röntgenstrahlen bei der Silikatgruppe gewisse gemeinsame Grundlagen bezüglich der atomaren Struktur ergeben sowie auch ihre komplizierte Zusammensetzung. Die grundlegendste strukturelle Einheit aller Silikate ist ein Silikat-Tetraeder (siehe Abb. 107), bei dem jedes Siliziumatom von vier Sauerstoffatomen umgeben wird. Aber diese SiO_2-Gruppen können auf verschiedene Weise miteinander verkettet sein und eine unendliche Reihe bilden. Quarz, der ebenfalls aus reinem Siliziumdioxid (SiO_2) zusammengesetzt ist, zählt nicht zu dieser Gruppe, weil er ein einfaches Oxid des Metalls Silizium ist.

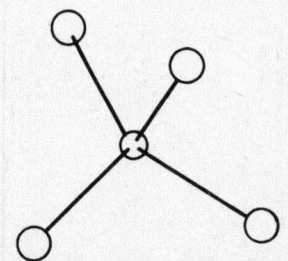

Abb. 107: Silikat-Tetraeder

Die größte Gruppe von Kristallen in der Erdkruste sind die Feldspäte, die in zwei Gruppen unterteilt werden. Die erste besteht aus verschiedenen Mischungen von Kalium und Natrium in Verbindung mit Aluminium und Siliziumdioxid. Die Kalium- und Natrium-Anteile können von 0 bis 100 Prozent variieren, und der Name eines Feldspates dieser Gruppe hängt von seinen Kalium-Natrium-Verhältnis ab. Die beiden wichtigsten Kalium-Feldspäte sind Orthoklas ($KAlSi_3O_8$), der im monoklinen System kristallisiert, und Mikroklin, der die gleiche chemische Formel hat, aber im triklinen System kristallisiert. Diese Feldspäte sind häufig rosa (oder rot) gefärbt. Dies sind die Mineralien, die dem Granit seine charakteristische rosafarbene Tönung geben. Die andere Hauptgruppe von Feldspäten basiert auf Natrium und Kalzium, deren prozentuale Anteile ebenso variieren können. Kristalle dieser beiden Gruppen von Feldspäten sind in den Abbildungen 108 und 109 dargestellt.

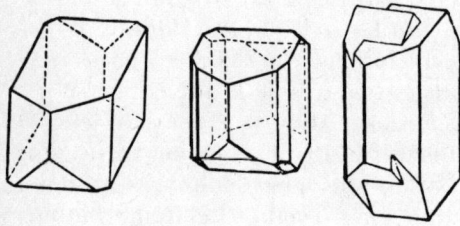

Abb. 108: Orthoklas-Feldspat

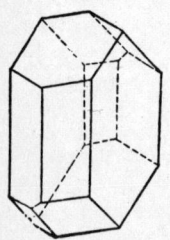
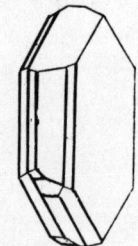

Abb. 109: Albit-Feldspat

74

Verschiedene Granat-Arten

  I. *Aluminium-Granat,* umfaßt

    A. Grossular   Kalzium/Aluminium-Granat
                      $Ca_3Al_2 (CiO_4)_3$

    B. Pyrop   Magnesium/Aluminium-Granat
                      $Mg_3Al_2 (SiO_4)_3$

    C. Almandin   Eisen/Aluminium-Granat
                      $Fe_3Al_2 (SiO_4)_3$

    D. Spessartin Mangan/Aluminium-Granat
                      $Mn_3Al_2 (SiO_4)_3$

  II. *Eisen-Granat,* umfaßt

    E. Andradit   Kalzium/Eisen-Granat
                      $Ca_3Fe_2 (SiO_4)_3$

  (1) gemeiner (2) magnesiumhaltig (3) titanhaltig (4) yttriumhaltig

 III. *Chrom-Granat*

    F. Uwarowit   Kalzium/Chrom-Granat
                      $Ca_3Cr_2 (SiO_4)_3$

Die häufig vorkommende Granatgruppe gehört ebenfalls zu den siliziumhaltigen Mineralien. Die Grundstruktur jeder Granatgruppe ist die gleiche, wobei jeweils eines oder mehrere Metalle in der Struktur ausgetauscht werden. Im Fall des Aluminium-Granats wechseln Kalzium, Magnesium, Eisen und Mangan beliebig ab, weshalb wir selten einen absolut reinen Pyrop-Granat oder einen absolut reinen Almandin-Granat finden, da stets eine gewisse Mischung vorliegt. Granatkristalle sind in Abbildung 110 dargestellt. Obgleich man sich den Granat gewöhnlich als rotes Mineral vorstellt, kann er auch farblos, gelb, zimtbraun oder smaragdgrün sein (was wieder einmal auf die Schwierigkeit hinweist, Mineralien nach ihrer Farbe zu klassifizieren). Der Name Granat stammt vom lateinischen Wort *granitus* ab, was »wie ein Korn« bedeutet, außerdem besteht eine sprachliche Verbindung zum Granatapfel mit seinen zahlreichen kleinen roten Samen. Der Name Almandin leitet sich vermutlich von der antiken Stadt Alabanda her, wo die alabandischen Karbunkel des Plinius geschnitten und poliert wurden. Diese Beispiele ver-

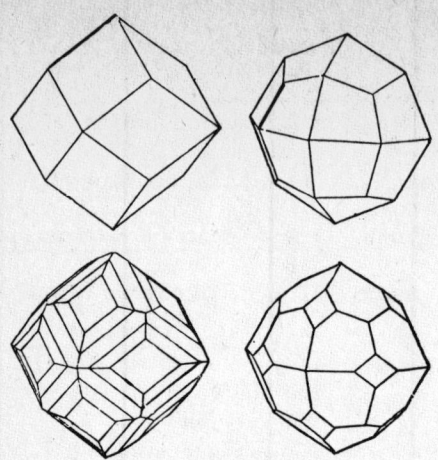

Abb. 110: Granat

weisen auf zwei der wichtigsten Mineralgruppen innerhalb der Silikate, und wir werden jetzt kurz andere Silikatmineralien auflisten, auf die der Leser stoßen könnte:

Zirkon, $ZrSiO_4$, (siehe Abb. 111);

Topas, Al $(F, OH)_2$ $(AlSiO)_4$, (siehe Abb. 112);

Turmalin, H_9Al_3 $(B. OH)_2Si_4O_{19}$, (siehe Abb. 113);

Staurolith, $HFeAl_5Si_2O_{13}$, (siehe Abb. 114);

Titanit, $CaTiSiO_5$, und

Aquamarin (Beryll), Be_3Al_2 $(SiO_3)_6$, (siehe Abb. 115).

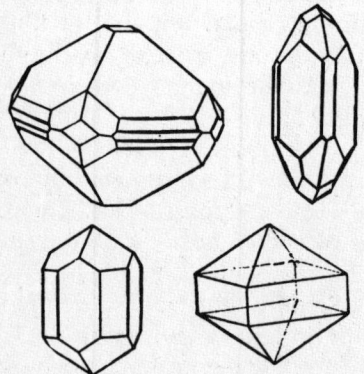

Abb. 111: Zirkonkristalle

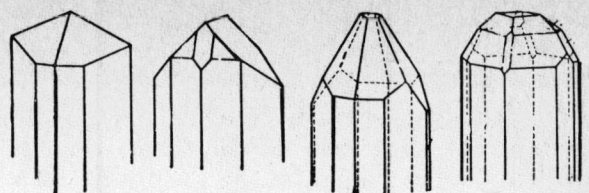

Abb. 112: Topaskristalle

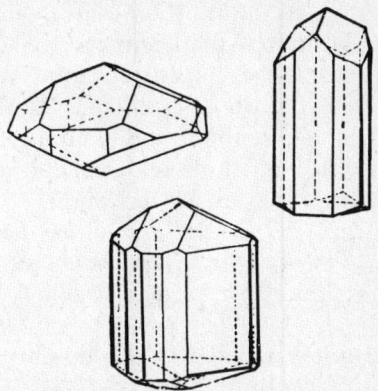

Abb. 113: Turmalinkristalle

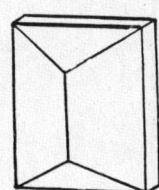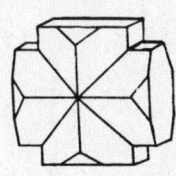

Abb. 114: Staurolithkristalle

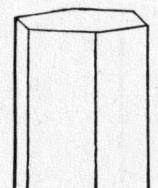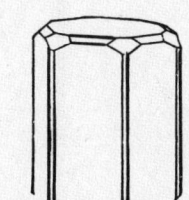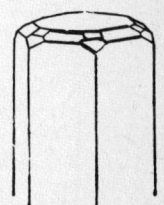

Abb. 115: Beryllkristalle

77

Eine weitere Untergruppe innerhalb der Gruppe der Silikate, auf die man möglicherweise stoßen wird, wenn auch wahrscheinlich nicht in Form unterscheidbarer Kristalle, bilden die Glimmer. Glimmer bestehen aus sehr dünnen, flexiblen und transparenten bis halbtransparenten Schichten. Wie die Granatgruppe und die Feldspäte bilden die Glimmer eine vollständige Gruppe von Mineralien, die alle Aluminium und Silizium und außerdem verschiedenartigste Kombinationen von Kalium, Magnesium, Natrium und Lithium enthalten können. Außerdem haben alle Wasser in der Kristallstruktur. Einige der transparenten Varietäten wurden früher für die »Fenster« in alten Holzöfen benutzt.

Andere häufig vorkommende Silikatmineralien, die nur selten große einzelne Kristalle bilden, sind Serpentin, Talk und die vielen Tonmineralien wie Kaolin.

Auf die Gruppe VII, *Salze organischer Säuren,* und die Gruppe VIII, *Kohlenwasserstoffverbindungen,* will ich hier nicht näher eingehen, da sie keine Kristalle beliebiger Größe bilden.

In diesem Kapitel haben wir also beschrieben, wie Kristalle und Mineralien untersucht und klassifiziert werden. Im nächsten Kapitel werden wir sehen, wie sie in der Erde entstehen.

4

Wo Kristalle wachsen

Wir haben nun erfahren, wie Mineralien und Kristalle sich aus der Ansammlung von Atomen bilden. In diesem Kapitel werden wir uns im Zusammenhang mit den Wachstumsbedingungen, unter denen sich Kristalle bilden, auch mit der Akkumulation jener kristallisierten Mineralien beschäftigen, die die wichtigsten strukturellen Komponenten der Erdkruste bilden. Fangen wir mit der wissenschaftlichen Definition des Begriffs *Gestein* an. Demnach besteht ein Gestein aus einem oder mehreren Mineralien und ist ein wichtiger Bestandteil der Erdkruste. Obgleich die meisten Gesteinsarten Gemenge aus zwei oder mehr Mineralien sind, kann auch ein einzelnes Mineral, wenn es in großen Mengen existiert, als Gestein betrachtet werden, und zwar hauptsächlich dann, wenn es sich dabei um einen integralen Bestandteil der Erdstruktur handelt. Ein bekanntes Beispiel für ein Gestein aus nur einem Mineral ist Kalkstein, der aus Kalzit (Kalkspat) besteht. Ein Gestein, das den meisten Lesern bekannt sein dürfte, ist der Granit, der aus mindestens drei Mineralien zusammengesetzt ist: Quarz, Feldspat und Glimmer. Welchen geologischen Namen ein Gestein erhält, hängt von seinen mineralischen Bestandteilen und der Größe seiner Kristalle ab.

Den drei Hauptmilieus entsprechend bilden sich drei Hauptgesteinsarten: Eruptivgestein, metamorphes Gestein und Sedimentgestein. Die Milieus, in denen diese drei Arten von Gestein sich bilden, liefern gewisse klar unterscheidbare Wachstumsbedingungen für Kristalle.

Eruptivgestein bildet sich aus geschmolzenem Gestein, *Sedimentgestein* entsteht unter dem Einfluß von Wind und Wasser, und *metamorphes Gestein* bildet sich auf Grund von Veränderungen in anderen Gesteinsarten durch Hitze und Druck, die jedoch nicht zum Schmelzen führen.

Eruptivgestein

Der Ursprung des Eruptivgesteins liegt in der Erde. Es bildet sich aus einer geschmolzenen Gesteinsmasse, die *Magma* genannt wird. Im Innern der tiefen Schichten der Erdkruste sind diese Magmen wahrscheinlich weniger so, wie wir uns »geschmolzen« vorstellen, vielmehr befinden sie sich in einem von den Wissenschaftlern als *plastisch* bezeichneten Zustand, das heißt, sie haben eine Konsistenz und Zähigkeit, die der von Honig vergleichbar ist. Durch die Kontinentalverschiebung ergeben sich in den darüberliegenden Gesteinsmassen Schwachstellen und Risse. Dadurch wird der Druck im Magma verringert, was bewirkt, daß die Temperatur ansteigt und das nun etwas flüssigere Gestein durch die Risse aufwärts fließt.

Wenn das Magma steigt, fließt es durch den Riß aufwärts und ergießt sich schließlich als Vulkan- oder Lavastrom auf die Erdoberfläche. Solches Gestein wird als *Extrusivgestein* (Ergußgestein) bezeichnet. Es kann aber auch passieren, daß das Magma eine andere, wesentlich kühlere Gesteinsschicht erreicht und sich dort verfestigt, bevor es an die Erdoberfläche vordringen konnte. Diese Art von Eruptivgestein nennt man *Intrusivgestein,* weil es in andere Gesteinsarten eingedrungen ist oder sich den Weg in sie hinein erzwungen hat (siehe Abb. 116). Dieser Prozeß nimmt seinen Fortgang seit der Entstehung der Erde, und Eruptivgestein bildet sich heute noch genauso wie während der gesamten langen Geschichte unseres Planeten. Wir wissen, daß es auf der ganzen Welt zahlreiche noch heute aktive Vulkane gibt – die offensichtlichste Art von eruptiver Aktivität. Dagegen vollzieht sich der Vorgang der Intrusion oder der Bildung intrusiven Gesteins wesentlich langsamer, und da er unter der Oberfläche der Erde stattfindet, bleibt er uns im allgemeinen verborgen. Es mag ganz interessant sein zu erfahren, daß Sie beim

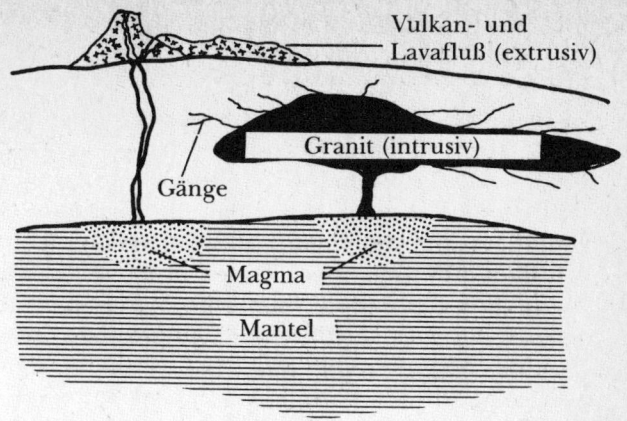

Abb. 116: Extrusives und intrusives Gestein

Lesen dieses Buches vielleicht über intrusivem Gestein sitzen, das genau in diesem Augenblick Kristalle bildet.

Da intrusives Gestein wegen der isolierenden Wirkung des umgebenden Gesteins viel langsamer abkühlt als extrusives, hat es wesentlich mehr Zeit zur Verfügung, um Kristalle zu bilden. Deshalb besteht intrusives Gestein fast immer aus großen und wohlgeformten Kristallen. Extrusives Gestein dagegen neigt dazu, schnell abzukühlen, da es seine Hitze sehr rasch an die Atmosphäre abgibt. Deshalb bildet es nur kleine Kristalle (im allgemeinen sind sie kleiner als 1 mm).

Die Kristalle, aus denen das Intrusivgestein besteht, nehmen oft nicht die Formen an, die in den vorangegangenen Kapiteln beschrieben wurden, weil bei der Bildung von Eruptivgestein die einzelnen Kristalle leicht miteinander verwachsen. Nur wenn innnerhalb des kristallisierenden Intrusivgesteins Hohlräume entstehen, etwa durch Gasblasen, können wohlgeformte Kristalle wachsen.

Das eruptive Magma kann als eine sehr dichte Lösung betrachtet werden, in der die verschiedensten atomaren Bestandteile gelöst sind. Die Zusammensetzung des Magmas ist größtenteils ausschlaggebend für die Arten von Mineralien, die das entstehende Gestein enthalten wird. Es ist erwiesen, daß die Erdkruste zu 99 Prozent aus den folgenden Elementen besteht: Sauerstoff, Silizium, Aluminium, Eisen, Magnesium, Kalzium, Natrium und Kalium, und zwar in der Reihenfolge ihrer Häufigkeit. Diese Elemente treten im Eruptivgestein in unterschiedlichen Verhältnissen auf, und die konstitutiven Mineralien des Eruptivgesteins sind aus ihnen zusammengesetzt. Die Bedingungen, unter denen die verschiedenen Mineralien gebildet werden, sind komplex, doch läßt sich verallgemeinernd sagen, daß sie in der Reihenfolge ihrer Löslichkeit aus dem abkühlenden Magma kristallisieren. Obgleich diese Reihenfolge ziemlich genau festgelegt ist, beeinflussen die Unterschiede in der chemischen Zusammensetzung des Magmas den Grad der Löslichkeit der verschiedenen mineralischen Bestandteile, weshalb die Reihenfolge ihrer Kristallisation sich auch ändern kann. Es ist weiterhin bekannt, daß kleinere Mengen von Substanzen wie Wasserdampf, Kohlendioxid, fluorhaltigen Gasen und Schwefel bei ihrem Vorhandensein in starkem Maße beeinflussen, bei welcher Temperatur die einzelnen Mineralien kristallisieren. Da all diese zusätzlichen Substanzen in immer wieder unterschiedlichen Mengen vorhanden sind, können die Kristallisationstemperaturen erheblich variieren.

Tatsächlich ist erwiesen, daß sich keine Kristalle bilden, wenn Wasserdampf und Kohlendioxid überhaupt nicht vorhanden sind. Man hat experimentell nachgewiesen, daß Mineralien wie Feldspat sich nur selten durch Trockenschmelzen bilden – das heißt ohne Vorhandensein eines zusätzlichen Gases. Wenn man dies versucht, entsteht nichtkristallines Glas. Ist jedoch auch nur ein Bruchteil eines Prozents Wasserdampf vorhanden, dann bilden sich gut erkennbare Kristalle. Diese wichtigen zusätzlichen Substanzen werden Mineralisatoren genannt.

Von noch größerer Bedeutung als die Bildung großer Gesteinsmassen ist für uns die eruptive Aktivität, bei der sich durch Wasserlösungen von hoher Temperatur Kristalle bilden. Wenn das geschmolzene Gestein abkühlt und sich wieder verfestigt, werden riesige Mengen von Flüssigkeit und mit mineralischer Materie durchsetztem Gas frei. Sie verlassen das Eruptivgestein und bahnen sich durch Risse im umliegenden Gestein allmählich ihren Weg zur Erdoberfläche. Dabei bilden sie Mineralablagerungen, wann immer die Bedingungen dafür günstig sind. Daher sind niedrigere Temperaturen, verminderter Druck und das Vorhandensein von Kalkstein oder anderem leicht veränderlichem Gestein für die Ablagerung gewisser Arten von Kristallen förderlich. Wenn diese mineralreichen Lösungen in natürliche Risse anderer Gesteinsarten fließen, bilden sich Kristalle. Eine solche ausgefüllte Spalte nennt man einen *Gang*. Die Lösungen, die diese Gänge ausfüllen, enthalten oft Metalle wie Kupfer, Blei, Gold, Silber und Zink, und aus solchen Gängen stammen fast alle unsere Edelmetalle sowie auch viele der übrigen ökonomisch wichtigen Metalle (siehe Abb. 116).

Es gibt eine spezielle Art von Gang, die für uns von besonderem Interesse ist, da die Kristalle, die sich dort bilden, gewöhnlich wohlgeformt und oft ziemlich groß sind. Diese Art von Gang nennt man *Pegmatit*. Einzelne Kristalle aus solchen Gängen können bis zu 12 Meter Länge erreichen, und Kristalle von 35 cm Länge sind keine Seltenheit. Pegmatite werden im allgemeinen mit der Entstehung des Granits

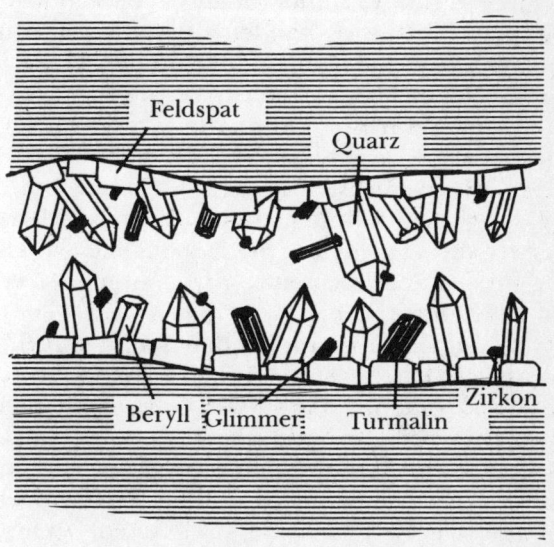

Abb. 117: Modell eines Pegmatits

83

in Zusammenhang gebracht, und die wichtigsten Mineralien, die sich darin bilden, sind auch die wichtigsten Mineralien des Granit – Quarz, Feldspat und Glimmer. Diese drei Mineralien sind oft im Pegmatit enthalten, aber es ist andererseits auch nicht ungewöhnlich, daß man einen Pegmatit findet, der weitgehend aus Quarz oder Feldspat allein besteht.

In dieser Art von Gang erstarrt eine heiße, viel Wasser enthaltende Schmelze (von mehreren hundert Grad Celsius und unter großem Druck), die die gelösten Komponenten der verschiedenen Mineralien enthält; während die Lösung durch den Gang fließt, bilden sich die Kristalle als Belag, jedes bildet jeweils eine Atomschicht. Beim typischen Pegmatit sind die ersten Kristalle, die sich ablagern, Feldspäte, denen sich Quarz- und dann Glimmerkristalle zugesellen. Die nächste Stufe der Kristallisation im Pegmatit hängt davon ab, welche Metalle in der Lösung enthalten sind. Wenn das Metall Zirkonium vorhanden ist, bildet sich Zirkon. Wenn Beryllium vorhanden ist, bildet sich das Mineral Beryll (dessen blaue Varietät Aquamarin und dessen grüne Smaragd ist). Wenn Fluor vorhanden ist, bildet sich entweder das Mineral Fluorit (Flußspat) oder unter bestimmten Bedingungen Topas. Wenn Bor vorhanden ist, kann sich Turmalin bilden. Stehen verschiedene Kombinationen von Kalzium, Magnesium, Mangan oder Eisen zur Verfügung, so kann sich Granat bilden. Natürlich sind solche Gänge von größtem Interesse für alle Kristallfreunde.

In den Gängen wachsen die Kristalle immer so, daß sie den größtmöglichen Raum ausfüllen. Wenn ein Kristall einem anderen direkt gegenüberliegt, so daß sich ihre Spitzen träfen, wenn sie weiterwachsen würden, dann wachsen beide diagonal aneinander vorbei. Gewöhnlich wächst ein Kristall in den größten ihm offenstehenden Raum hinein, selbst dann, wenn er in einem beträchtlichen Winkel zur Wand des Ganges wachsen muß. Einige Kristalle wachsen regelrecht zur Seite. Dies spiegelt wahrscheinlich den Wunsch des *Elementargeistes* des Kristalls, den Kristall im vorhandenen Raum so groß wie eben möglich werden zu lassen. Über die Elementargeister wird in späteren Kapiteln mehr gesagt werden.

Gewisse Kristalle entstehen auch aus Wasserdampf, beispielsweise Kristalle, die hauptsächlich auf vulkanische Regionen beschränkt sind, wo mineralisierte Gase durch Öffnungen entweichen. Auf diese Weise werden beispielsweise Mineralien wie Schwefel, Realgar und Hämatit abgelagert.

Metamorphe Gesteine

Metamorphe Gesteine werden entweder aus Eruptivgesteinen, sedimentären oder auch aus anderen metamorphen Gesteinen gebildet. Sie haben nach ihrer Entstehung eine gewisse physikalische oder chemische Veränderung durchlaufen. Solche Veränderungen kommen gewöhnlich durch hohe Temperaturen und hohen Druck zustande, wobei der Einfluß von Wasserdampf und anderen chemischen Wirkstoffen eine Rolle spielt. Bei diesen Veränderungen werden oft neue Komponenten zum bereits existierenden Mineral hinzugefügt, oder es werden Komponenten daraus entfernt. Oft bilden sich so neue Mineralien, die unter den veränderten Bedingungen stabiler sind. Obgleich viele der ursprünglichen Mineralien erhalten bleiben, entwickeln sich andere während des Prozesses der Metamorphose. Solche Mineralien sind Zyanit, Staurolith, Talk und Grossular (ein grüner Granat). Abbildung 118 zeigt, wie ein solcher Prozeß verlaufen kann. In diesem Fall hat sich in einem flachen Binnenmeer eine Schicht von stark aluminiumhaltigem Ton gebildet. Diese wurde von einer Schicht Sand überdeckt und

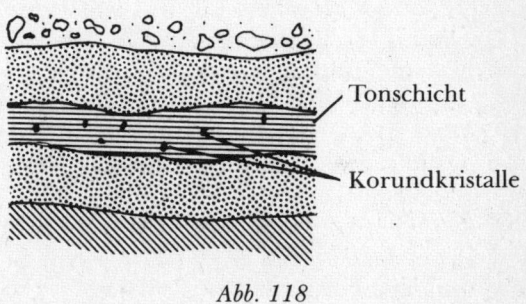

Tonschicht

Korundkristalle

Abb. 118

anschließend von vielen Schichten von Sand und Kies, da das Gebiet, in dem sich der See befindet, wegen der Verformung der Erdkkruste allmählich absank. Schließlich stieg der Druck und die Temperatur wegen des Absinkens in einem Maße, daß die Tonerde wieder zu kristallisieren anfing und die hexagonalen Kristalle des Minerals Korund (Saphir und Rubin) bildete.

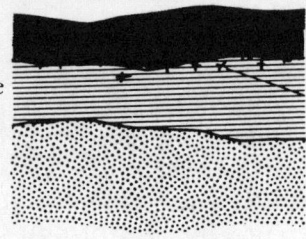

stark lehmhaltige Schicht

stark eisenhaltige Schicht

Staurolith- und Granatkristalle

Abb. 119

In Abbildung 119 ist auf die stark aluminiumhaltige Schicht des vorigen Beispiels eine weitere Schicht Ton abgelagert worden, doch in diesem Fall ist der Ton stark eisenoxidhaltig. Während einer ähnlichen Deformation der Erdkruste, wie sie in Abbildung 118 dargestellt ist, waren diesmal Temperatur und Druck hoch genug, um die Eisenatome äußerst mobil zu machen, so wie im vorigen Beispiel die Tonerdeatome. Da im Ton außerdem auch Siliziumdioxid enthalten war, ordneten sich all diese Atome neu und bildeten das Mineral Staurolith ($HFeAl_5Si_2O_{13}$).

In metamorphem Gestein und auch im Eruptivgestein treten verschiedene Mineralien auf, so Granat, Spinell und Korund. Man kann verallgemeinernd sagen, daß dort, wo es um Eruptivgesteine und metamorphe Gesteine geht, die grundlegenden chemischen Prozesse unter hohen Temperaturen und großem Druck stattfinden und daß in vielen Fällen die Trennungslinie zwischen diesen beiden Gesteinsarten schwer zu ziehen ist.

Eine andere Art von metamorphem Milieu wird Kontaktmetamorphose genannt. Dies ist der Fall, wenn Eruptivgestein in das umliegende Gestein eingedrungen ist, wodurch es zu Erhitzung und zum Schmelzen desselben kommt, so daß aus dem Eruptivgestein austretende Gase in dieses Gestein entweichen können. Wenn das so veränderte Gestein Kalkstein ist, so kann durch die Rekristallisation des Kalksteins in Verbindung mit Mineralbestandteilen des eindringenden Materials eine ganze Reihe von Mineralien entstehen. Granat kann sich bilden, ebenso Spinell, Korund und Pyroxene. Kontaktmetamorphe Ablagerungen können auch Turmalin, Topas und Fluorit entstehen lassen, was aber nur selten vorkommt.

Sedimentgestein

Diese Art von Gestein bildet sich unter Einwirkung von Wind und Wasser. Kristalle, die in diesem Gestein entstehen, werden fast immer durch Wasserlösungen von niedriger Temperatur gebildet, und gewöhnlich sind sie ziemlich weich (wegen der niedrigen Energien, die die Atome verbinden). Die Kristalle bilden sich oft ziemlich schnell, und an einigen Orten, wo Kristalle regelmäßig aus Ablagerungen – wie etwa Treibsand – ausgegraben werden, entstehen innerhalb eines Jahres neue Kristalle. Im Treibsand findet man die sogenannten »Wüstenrosen«, die Viellinge des Minerals Selenit (kristalliner Gips) sind. Ein weiteres verbreitetes sedimentäres Mineral, das sich in großen Ablagerungen findet, ist Halit (Steinsalz). Es kommt oft in Hunderten von Metern dicken Schichten vor. Das bei weitem häufigste Kristall, das im sedimentären Gestein gebildet wird, ist das Kalzit, aus dem der Kalkstein besteht. Ein kommerziell wichtiges sedimentäres Mineral ist Baryt (Schwerspat), das wunderschöne blaue Kristalle bildet, die an Aquamarin erinnern.

Wie lange dauert nun aber im allgemeinen die Entstehung eines Kristalls? Wir müssen uns eingestehen, daß wir darüber kaum etwas wissen. Im Labor kann man Quarzkristalle von mehreren Zentimetern Länge innerhalb von Wochen wachsen lassen, und möglicherweise bilden sich in der Natur solche Kristalle fast ebensoschnell.

Um einen transparenten Kristall von mehreren Zentimetern Länge zu erzeugen, bedarf es konstanter Wachstumsbedingungen – wenig Veränderung hinsichtlich der Temperatur oder des Druckes. In einer natürlichen Umgebung sind jedoch stabile Bedingungen über eine lange Zeitspanne (sagen wir ein Jahr) höchst selten, so daß wir davon ausgehen könnten, daß sich die meisten Kristalle in relativ kurzen Zeiträumen bilden. Sicherlich dauert es nicht, wie oft angenommen wird, Millionen von Jahren.

5

Der Abbau von Kristallen

In diesem Kapitel werden wir uns weiter damit beschäftigen, wie Kristalle gefunden und abgebaut werden und wie sie ihren Weg zum Benutzer finden. Es gibt zwei Hauptarten von Kristallablagerungen – die Gänge, mit denen wir uns im vorigen Kapitel beschäftigt haben, und die *Seifen*. Seifen sind durch Einwirkung von Wasser oder Wind entstandene Ablagerungen, die aus Fragmenten von verwitterten Gängen bestehen. Gewisse Arten von Kristallen, insbesondere die, die härter und widerstandsfähiger gegen Witterungseinflüsse sind, wie etwa Diamant, Saphir, Rubin, Zirkon und Topas, sind auch schwerer als die Mineralien der Gänge, in denen sie sich bilden, und sie konzentrieren sich oft in Strand- und Flußablagerungen. Praktisch alle Saphire und Rubine und mindestens die Hälfte der in der Welt produzierten Diamanten stammen aus solchen Ablagerungen. Kristallhaltige Seifen werden oft durch Zufall entdeckt oder beim Abbau anderer Mineralien wie etwa von Gold.

Es gibt eine ganze Reihe von Techniken zur Gewinnung von Kristallen.

Diamantkristalle findet man, wenn man das Gestein, in dem sie wachsen, abbaut und zerkleinert. Die meisten anderen Kristalle sind zu zerbrechlich für ein solches Verfahren. Wenn das diamanthaltige Gestein zermahlen ist, wird es mit Wasser vermischt und über spezielle, mit Fett beschichtete Tafeln geschwemmt. Da das Wasser nicht an den Diamanten haftet, die ganz trocken bleiben, hängen diese im Fett. Das übrige Gestein, das naß wird, fließt mit dem Wasser ab. Das Fett wird dann mit den Diamanten abgekratzt, man läßt es verdampfen, so daß nur die Diamanten zurückbleiben. Anschließend werden diese klassifiziert und sortiert, und die

Steine von Edelsteinqualität werden zu den verschiedenen Schleifzentren der Welt geschickt. Die wichtigsten dieser Zentren sind Amsterdam und Tel Aviv.

Kristalle, die in Gängen oder in Pegmatiten wachsen, werden oft von einheimischen Schürfern mit Hilfe einfachster Werkzeuge wie Hammer und Meißel abgebaut. Wo genügend große Quantitäten und Qualitäten kostspieligere Abbaumethoden lohnend erscheinen lassen, werden auch Gesteinsbohrer, Sprengstoffe und Bulldozer eingesetzt. Manchmal ist es notwendig, einem Gang viele Meter weit zu folgen, bevor er sich zu einem Hohlraum öffnet, wo Kristalle sich perfekt bilden konnten. Solche Öffnungen werden *Drusen* genannt. Sie können viele Zentner von Kristallen enthalten und einige Meter Durchmesser erreichen. Drusen sind typisch für den Abbau in Pegmatitgebieten.

Die Arbeit in Seifen erfordert eine vollkommen andere Art des Abbaus. Die Kristalle, die dabei abgebaut werden, wie etwa Saphir, Rubin, Zirkon, Granat und Topas, sind bedeutend schwerer als das Geröll, in dem sie lagern, und wenn sie in Wasser gewaschen werden, setzen sie sich auf dem Boden des Waschbehälters ab. Eine verbreitete Methode des Abbaus bei solchen Ablagerungen besteht darin, den kristallhaltigen Kies und Sand auszusieben. Wenn man die Schüsseln oder »Pfannen« unter Wasser auf eine bestimmte Weise rüttelt, sammeln sich die schwereren Elemente des Gerölls an bestimmten Stellen auf dem Boden der Pfanne. Sie wird dann umgedreht, ohne daß das Geröll noch einmal bewegt wird, und die Kristalle, die von Interesse sind, können leicht herausgelesen werden. Diese Methode wird meist angewendet, wenn der Abbau von Ein- oder Zwei-Mann-Unternehmen durchgeführt wird. Erstaunlicherweise stammt mit Ausnahme von Diamanten und Smaragden der größte Teil des erhältlichen Edelsteinmaterials aus tausenden solcher Ein- bis Zwei-Mann-Betriebe.

Bei größeren Seifenminen wird das kristallhaltige Geröll durch *Waschrinnen* geleitet, offene Wannen, durch die ein Wasserstrom rinnt. Auf dem Grund dieser Wannen sind Querleisten angebracht, die die schwereren Mineralien, die auf den Boden sinken, festhalten sollen. Das Geröll wird in die Wannen geschaufelt, und der Fluß des Wassers selektiert mechanisch die schwereren Mineralien und wäscht die leichteren aus. Am Ende eines Tages hat die Wanne sich geleert, mit Ausnahme aller schweren Kristalle, die sich an den Leisten auf dem Grunde der Wannen gesammelt haben. In Gebieten, wo besonders wertvolle Steine gefunden werden, können solche Waschrinnen viele Meter lang sein. Dies ist auch eine beliebte Methode beim Goldwaschen.

Nachdem die Minenarbeiter ihre Kristalle gesammelt haben, auf welche Weise auch immer, werden diese oft von reisenden Aufkäufern gekauft, die von einer Mine zur nächsten kommen. In einigen Ländern, wie etwa Kolumbien, wird die Kristallförderung von der Regierung kontrolliert, weshalb die Aufkäufer hier oft Regierungsbeamte sind. Die verschiedenen Partien von Kristallen werden in das Exportzentrum des betreffenden Landes gebracht, und dort suchen sich die internationalen Händler ihre Ware aus. Anschließend werden die Kristalle an ihren Bestimmungsort befördert. Wenn der Importeur ungeschliffene Edelsteine kauft, kann er seine Ware manchmal in einer Aktentasche oder in einer Manteltasche transportieren. Hat er große Kristalle gekauft, wie etwa brasilianischen Quarz oder Amethystkristalle, so werden diese häufig in Stahlfässern transportiert, die mehrere Zentner schwer sein können. Es kommt oft vor, daß ein Importeur fünfzig bis hundert solcher Fässer auf einmal kauft. Er selbst verkauft schließlich die Kristalle, die er eingekauft hat, an andere Mineralienhändler weiter.

Auf diese Weise kann der Kristall, den Sie kaufen, von einem eingeborenen Schürfer Tausende von Kilometern entfernt aus einem Fluß gewaschen oder aus einem Berg ausgegraben worden sein und seine Reise zu Ihnen in einem Rucksack oder auf dem Rücken eines Esels angetreten haben.

Richten wir unser Augenmerk nun darauf, wo und wie Kristalle verschiedenster Mineralien gefunden werden.

Diamant: Von allen Kristallen, die auf der Erde entstehen, umgeben den Diamanten wahrscheinlich die meisten Mythen. Die frühesten Diamanten, die auf dem Edelsteinmarkt auftauchten, kamen aus Indien, und es wird vermutet, daß Diamanten schon vor fünftausend Jahren entdeckt worden sind. Bis ins Mittelalter hinein bestand jedoch kein besonderes Interesse an ihnen, und erst im sechzehnten Jahrhundert begann man in den indischen Diamantenminen mit ernsthaftem Abbau. Dabei handelte es sich immer um Seifenablagerungen. Ebenso war es auch bei den im späten achtzehnten Jahrhundert in Brasilien entdeckten Vorkommen. Die indischen Minen sind heute längst ausgebeutet. Man hat dort einige bemerkenswerte Steine gefunden, so auch den Kohi-Nor (was »Berg aus Licht« bedeutet), der ungefähr 800 Karat wog (5 Karat entsprechen einem Gramm), als er entdeckt wurde.

Die brasilianischen Minen waren bis zur Entdeckung der Vorkommen in Südafrika im Jahre 1850 die Hauptproduzenten von Diamanten. Die ersten in Südafrika entdeckten Vorkommen waren ebenfalls Seifen. Außerdem fand man Diamanten auch im zerfallenen Muttergestein von Vulkanröhren, aus dem sie heute noch abgebaut werden. Als die ersten Schürfer in den Kimberley-Minen auf härteres, noch nicht zersetztes Gestein stießen, verließen sie ihre Minen, da sie glaubten, es hätte keinen Zweck mehr, noch weiter in die Tiefe zu graben. Heute haben einige dieser Minen eine Tiefe von eineinhalb Kilometern oder mehr erreicht.

Obgleich Diamanten in Vulkanröhren gefunden werden, ist die Art von Vulkan, die Diamanten enthält, als solche ziemlich schwer zu erkennen. Diamanten scheinen ihren Ursprung im Erdmantel zu haben, und sie werden in schon kristallisiertem Zustand an die Oberfläche gebracht. Der Fluß der Materialien nach oben erfolgt in relativ stark abgekühltem Zustand, wahrscheinlich bei Temperaturen von wenigen hundert Grad Celsius. Dies ist an der Tatsache zu erkennen, daß das umliegende Gestein kaum verändert ist. Offenbar ist diamanthaltiges Gestein ein ziemlich häufiger Bestandteil des Erdmantels. Kleine Diamanten werden auch oft in Nickel-Eisen-Meteoriten gefunden, obgleich nicht in ökonomisch interessanten Mengen.

Auch in den USA und in Guayana in Südamerika hat man Diamanten gefunden, aber der größte Produzent außer

Afrika ist die Sowjetunion, obwohl neuere Funde Australien einmal zum größten Produktionsland machen könnten. Die meisten Diamanten werden vom De Beers-Syndikat kontrolliert, und der Diamantenpreis wird künstlich gehalten.

Rubin und Saphir: Beide sind Varietäten des gleichen Minerals, Korund. Ihre Eigenschaften sind identisch, der Unterschied liegt lediglich in der Farbe. Sie bestehen beide aus Aluminiumoxid, wobei Rubin Spuren von Chrom enthält und Saphir Spuren von Titan. Saphir kann grün, violett, gelb und rosa sein. Jede dieser Farben wird durch winzige Spuren anderer Elemente in der Kristallstruktur erzeugt. Viele Jahrhunderte lang hat man sich keinerlei Mühe gemacht, echte Rubine von anderen roten Steinen zu unterscheiden, und daher wurden viele rote Steine Rubine genannt, die in mineralogischer Hinsicht keinerlei Verwandschaft mit dem echten Rubin hatten. Zwei der berühmtesten »Rubine« sind der »Black Prince's Ruby« und der »Timur«. Beide gehören zu den britischen Kronjuwelen. Sie sind jedoch keineswegs Rubine, sondern rote Varietäten des Spinell.

Saphir ist ein weiterer Name, der in der antiken Literatur vorkommt, doch auch dabei handelte es sich um blaue Steine völlig anderen Ursprungs als die, die wir heute als Saphire bezeichnen. Bei den meisten »Saphiren« aus den alten Schriften handelte es sich wohl um Lapislazuli.

Die ergiebigsten Quellen für Saphire waren wahrscheinlich Flußkiese in Sri Lanka. Dort wurden im Laufe der Jahrhunderte buchstäblich Tonnen von Saphiren und kleine Mengen von Rubinen gefunden. Auch aus Thailand und Burma stammten viele Saphire und einige wenige Rubine. Heute kommen diese Edelsteine auch aus Australien, Brasilien und aus Montana in den USA. Bei all diesen Minen handelt es sich um Seifenablagerungen.

Rubine von guter Qualität sind heutzutage die wertvollsten Edelsteine. Sie sind sogar wertvoller als Diamanten, Smaragde oder Saphire von entsprechender Größe. Große Rubine sind selten, weil Chrom, das die rote Farbe des Rubins erzeugt, sich auf das Kristallwachstum hinderlich auswirkt.

Smaragd und Aquamarin: Beide sind Varietäten des Minerals Beryll, das ein Silikat des Metalls Beryllium ist. Die grüne Färbung des Smaragds ist auf winzige Spuren von Chrom zurückzuführen, die Färbung des Aquamarins auf winzige Spuren von Eisen. Smaragd und Aquamarin wachsen in verschiedenen Milieus, und man trifft sie gewöhnlich nicht zusammen an. Aquamarine tauchen fast immer in Pegmatiten auf. Smaragde hingegen kommen in Kontaktmetamorphosen vor, oft in der Nähe von verwittertem Schiefer. Die größten Aquamarinvorkommen stammen aus brasilianischen Pegmatiten und aus Seifen in Sri Lanka. Die Hauptquellen für Smaragde sind Columbien und Brasilien. Der größte bekannte Smaragd wiegt 1.350 Karat und er ist gut 30 Zentimeter lang. Andere Kristalle des Minerals Beryll, die als Edelsteine verwendet werden, sind die gelbe Varietät mit dem Namen Heliodor, außerdem rosa Morganit, und Goschenith, eine farblose Varietät. Man hat Beryllkristalle von bis zu 12 Metern Länge gefunden.

Turmalin: Dies ist ein weiteres Mineral, das gewöhnlich in Pegmatiten gefunden wird und im allgemeinen direkt aus dem Gang abgebaut wird, obgleich es sehr wetterbeständig und auch in Seifen zu finden ist. Turmaline gibt es in den verschiedensten Farben, doch meistens sind sie grün, von Olivgrün bis zu sehr dunklem, fast opakem Grün. Es gibt auch roten, orangenen und blauen Turmalin. Brasilien, Sri Lanka, Madagaskar und Südafrika sind die wichtigsten Ursprungsländer dieses Minerals. Gewöhnlich sind Turmalinkristalle gut entwickelt und von perfekter Form.

Granat: Der Begriff Granat umfaßt eine ganze Gruppe von Mineralien von unterschiedlicher chemischer Zusammensetzung, die alle eine ähnliche innere Struktur aufweisen. Granat stellt man sich gewöhnlich rot vor, aber oft ist er auch grün, braun oder schwarz. Man hat schon einzelne Granatkristalle von der Größe einer Pampelmuse gefunden, und hühnereigroße Kristalle dieses Minerals sind keine Seltenheit.

Meist kommt Granat in metamorphem Gestein vor, aber man findet ihn auch in bestimmten Arten von Eruptivgestein wie in Pegmatiten und in gewissen tiefliegenden Magmen, unter anderem in denen, wo sich auch Diamanten befinden.

Granate von Edelsteinqualität werden an vielen Orten auf der ganzen Welt gefunden, und zwar gewöhnlich in Seifen und meist beim Abbau anderer wertvollerer Mineralien. Praktisch in jedem Gebiet, wo metamorphes Gestein zu finden ist, gibt es Granate in beträchtlicher Fülle, allerdings oft nicht in einer Qualität, die das Sammeln lohnenswert macht.

Quarz: Auf die verschiedenen Varietäten des Quarz wurde bereits eingegangen. Es gibt auf der Erde kaum einen Ort, wo nicht eine oder mehrere seiner Varietäten zu finden ist. Wir werden uns hier nur mit den kristallinen Varietäten beschäftigen, da diese hauptsächlich von Interesse für uns sind.

Bergkristall, die farblose Varietät, bildet oft sehr vollkommene Kristalle. Man findet ihn in fast jeder Region der Welt, wo irgendwann einmal Eruptivprozesse stattgefunden haben. Im allgemeinen wird der Bergkristall direkt aus den Gängen abgebaut, wo man oft riesige Kristalle finden kann. In den USA, im Staate Arkansas, sind Quarzpegmatite in fast vertikalen Schichten in Sandstein eingedrungen. Der brüchige Sandstein wird mit Bulldozern entfernt, worauf die zurückbleibenden Kristallschichten zerfallen und oft Tausende von Kristallen von gut dreißig Zentimetern Länge oder mehr in einer einzigen Schicht zutagetreten. In Brasilien wird Bergkristall ebenfalls direkt aus den Gängen abgebaut und außerdem auch aus den tonhaltigen Böden, in die verwitterte Pegmatite ihre Kristalle abgelagert haben. Die meisten auf dem Weltmarkt erhältlichen Bergkristalle stammen aus diesen beiden Quellen, aber es gibt auch noch Tausende von unbedeutenderen Herkunftsorten.

Der Amethyst, die purpurfarbene Varietät des Quarz, bildet ebenfalls sehr schöne Kristalle. Man findet ihn auf der ganzen Welt. Uruguay und Brasilien sind die Hauptproduzenten von qualitativ hochwertigen Kristallen dieses Minerals, und in geringerem Maße auch Australien. Amethyst wird gewöhnlich direkt aus den Gängen abgebaut und wächst oft auch in Hohlräumen, die durch Gasblasen in der heute verfestigten Lava entstanden sind. Auch im Fall des Amethyst gibt es Hunderte von kleineren Fundorten auf der ganzen Welt.

Zitrin und Rauchquarz kommen ebenfalls an vielen Orten vor. Man baut sie oft direkt aus dem Gang oder aus zerfallenen Pegmatiten ab. Gewöhnlich befinden sich Pegmatite, die eines dieser Mineralien enthalten, als Intrusivgestein in Granit, der oft eine gewisse Menge natürlichen radioaktiven Materials enthält, dessen Gammastrahlen die Färbung dieser Varietät bewirken. Natürliche Vorkommen von Zitrin und Rauchquarz stammen aus Brasilien. Es gibt aber auch in diesem Falle eine Menge kleinerer Fundorte. Ein großer Teil des auf dem Markt erhältlichen Materials ist jedoch künstlich gefärbt worden, indem man farbloses Material radioaktiver Strahlung ausgesetzt hat.

Topas: Er kommt gewöhnlich in Pegmatiten vor, in denen Fluorgas vorhanden war. Topas ist dicht und hart, und man findet ihn oft in Seifenablagerungen, jedoch auch beim normalen Abbau in Pegmatiten.

Man stellt sich Topas meist als einen gelben Stein vor, aber wesentlich häufiger wird er in Form farbloser Kristalle oder in Blau, Rosa und Hellgrün gefunden. Topaskristalle können ziemlich groß werden, und gelegentlich gibt es wohlgeformte Kristalle, die dreißig Zentimeter oder länger und mehrere Zentner schwer sind.

Die Pegmatite in Brasilien und Mexiko liefern den größten Teil des Topasbedarfs, obgleich heute auch Kristalle von wunderschöner Qualität aus Sibirien kommen. Auch in den USA, in Afrika und Tasmanien gibt es bedeutende Topasvorkommen.

Zirkon: Dies ist ein sehr verbreiteter Bestandteil von Granit, allerdings bildet er nicht immer Kristalle von erkennbarer Größe. An verschiedenen Orten auf der Welt findet man ihn in größeren Kristallen, meist dort, wo sich das Mineral in Seifen angesammelt hat. Kristalle von schöner Form und von Edelsteinqualität stammen hauptsächlich aus Vorkommen in Sri Lanka und Thailand, aber auch aus Kanada, Madagaskar und den USA. Allgemein kann man sagen, daß Zirkonkristalle selten größer als 5 Zentimeter sind.

Zirkon gibt es in einigen Farben, unter anderem in Blau, Gelb, Orange, Grün und als farblose Steine, die an Diamanten erinnern.

In dieser Liste waren viele Kristalle enthalten, die auch als Edelsteine Verwendung finden. Es gibt auch noch weitere Edelsteingrundstoffe, deren Namen dem Leser bekannt sein mögen, die wir jedoch hier nicht erwähnt haben, weil sie entweder keine Kristalle bilden oder weil diese Kristalle so schwer erhältlich sind, daß der Leser sie kaum jemals zu Gesicht bekommen wird (so etwa Chrysoberyll). Edelsteingrundstoffe, die im allgemeinen keine Kristalle bilden, sind Bernstein, Jade, Türkis und Lapislazuli.

Im Folgenden werden wir andere kristallbildende Mineralien betrachten, die leicht erhältlich sind, jedoch nicht zu den Edelsteinen gehören.

Pyrit: Dies ist das Mineral, das zur Zeit des Wilden Westens als »Narrengold« bekannt war, da es wegen seiner Farbe und seines Glanzes oft irrtümlich für Gold gehalten wurde, wenn es in den Waschpfannen der frühen Goldsucher auftauchte. Es besteht ausschließlich aus Eisen und Schwefel und wird in zahlreichen Gebieten auf der Welt abgebaut. Man verwendet es zur Herstellung von Schwefelsäure und als minderwertiges Eisenerz. Pyrit bildet schöne und gut erkennbare Kristalle, die bis zu mehreren Zentimetern groß sein können. Man findet dieses Mineral überall da auf der Welt, wo auch Erzlager sind. Es wird direkt aus dem Gang abgebaut. In kleinen Mengen findet es sich auch in Kohle und Schiefer, oft in wohlgeformten Kristallen.

Fluorit: Es besteht aus Kalzium und Fluor und wird in zahlreichen Gebieten auf der ganzen Welt abgebaut. Dieses Mineral findet als Schmelzmittel bei der Stahlherstellung Verwendung. Gewöhnlich bildet es kubische Kristalle; die gewöhnlich auf dem Markt erhältlichen Fluoritoktaeder sind durch Spaltung aus größeren Stücken hergestellt worden. Die Farben des Fluorit reichen von zitronengelb bis dunkelrot, jedoch können sie auch grün, rosa und farblos sein. Die meisten Sammlerstücke auf dem Markt stammen aus den USA, aber in der Vergangenheit sind auch in den Schweizer Alpen schöne Kristalle gefunden worden.

Kalzit: Kristallisierter Kalzit bildet sich in unter Wassereinfluß stehendem Sedimentgestein. Er bildet ausgezeichnete Kristalle, die oft mehrere Zentimeter lang sind. Die vollkommen transparente Varietät, die sich gewöhnlich in Rhomboeder spaltet, wird »isländischer Kalzit« genannt. Dieser findet wegen seiner besonderen lichtbrechenden Eigenschaften bei einigen optischen Werkzeugen Verwendung. Die größten kommerziellen Vorkommen befinden sich in Mexiko, obgleich Kalzit ein häufiger Bestandteil des Sedimentgesteins auf der ganzen Welt ist.

Apatit: Der Name Apatit stammt von einem griechischen Wort, das »täuschen« bedeutet. Dies ist auf die Ähnlichkeit des Apatits mit anderen Mineralien zurückzuführen. Aus Mexiko kommen schöngeformte, gelbe Apatitkristalle, und man findet auch purpurfarbene und grüne Kristalle. Die größten Vorkommen liegen in der Sowjetunion, wo es wegen seines hohen Phosphatgehalts zu Düngemittel verarbeitet wird.

Feldspat: Wie bereits erwähnt, ist die Gruppe der Feldspäte die einzige Mineralgruppe auf der Erde, die bezogen auf die Gesamtmenge nennenswerte Gesteinsmengen bildet. Es gibt schöne Kristalle von zahlreichen Varietäten, und einige davon finden auch als Edelsteine Verwendung. Die bekannteste darunter ist der Mondstein, der eine mikroskopische Durchwachsung von Orthoklas und Albit zu sein scheint. Andere Edelsteinvarietäten sind Labradorit, der nach dem Polieren irisierende Farben zeigt, und Amazonit (auch Amazonenstein), eine grüne Varietät des Orthoklas. Schön kristallisierte Varietäten von Feldspäten werden gewöhnlich direkt aus Pegmatiten abgebaut oder aus den Böden von zerfallenen Pegmatiten gewonnen.

Aragonit: Es hat die gleiche chemische Zusammensetzung wie Kalzit, kristallisiert aber in einer anderen Struktur. Große, wohlgeformte Kristalle sind allgemein erhältlich, und zwar gewöhnlich als Zwillinge. Perlmutt-, Auster- und Abalone-Schalen bestehen aus Aragonit. Aragonit findet sich in vielen Ländern, doch die besten Kristalle stammen aus Spanien.

Staurolith: Dies ist ein gewöhnlicher Bestandteil des metamorphen Gesteins, doch bildet er nicht unbedingt schöne Kristalle. An einigen Orten aber wachsen interessante Zwillingskristalle, wobei entweder gleicharmige Kreuze oder Andreas-Kreuze entstehen. Die Hauptfundquelle für Staurolith sind die USA, man findet ihn auch in der Schweiz und in Australien.

6

Mineralien in früheren Zeiten

Die Geschichte der Menschheit und die Geschichte der Mineraliennutzung durch den Menschen sind eng miteinander verflochten. Erst während der letzten dreitausend Jahre hat das Metall den Stein als wichtigstes Material zur Herstellung von Werkzeugen abgelöst – was gemessen an den mehreren Millionen von Jahren, in denen der Mensch Werkzeuge herstellt, nur ein kurzer Augenblick ist. Neueste archäologische Entdeckungen deuten darauf hin, daß die Urahnen des Menschen schon seit mehr als drei Millionen Jahren Stein zur Werkzeugherstellung benutzt haben. Wann der Mensch die Kristalle entdeckte und tatsächlich anfing, sie zu nutzen, ist unbekannt, aber Jeffrey Goodman stellt in seinem Buch *Psychic Archaeology* die Hypothese auf, daß in Nordamerika möglicherweise schon vor hunderttausend Jahren Menschen Kristalle zu Heilzwecken gesammelt haben.

Kristalle waren die mächtigsten Objekte, die zur Zeit von Atlantis benutzt wurden. Sie stellten die wichtigste Energiequelle dar, und ihre Heilkräfte waren unübertroffen. Doch wie alle Werkzeuge des Menschen wurden auch diese Kräfte und Energien mißbraucht, was schließlich zum Niedergang der atlantischen Kultur führte. Zu jener Zeit wurden viele der Energien, die durch Kristalle gebündelt wurden, von der Erde abgezogen. Erst heute erholt sich die Erde allmählich vom Atlantis-Trauma, so daß besagte Kräfte und Energien zur Menschheit zurückkehren. Dies ist der Grund, weshalb plötzlich so viele Menschen auf der ganzen Welt mehr über Kristalle erfahren und lernen wollen.

Das nahende Ende von Atlantis war den nicht korrumpierten Mitgliedern der atlantischen Priesterschaft bekannt, und viele dieser Priester flüchteten von dort zu den anderen, weniger weit entwickelten Kulturen der Erde. Sie glaubten, wenn sie Samenkörner des Wissens an so vielen Orten wie möglich aussäen würden, so würden sicherlich einige dieser Samen überleben und aufblühen, und neue spirituelle Kulturen würden auf der Erde entstehen. Dies sind die Wurzeln von Kulturen wie der tibetischen und der ägyptischen.

Etwa um 3000 v. Chr. hatte die ägyptische Priesterschaft genügend Vertrauen in ihren eigenen spirituellen Fortschritt gewonnen, um den Versuch zu wagen, gewisse Aspekte der atlantischen Kultur wiedererstehen zu lassen. Zu dieser Zeit wurde die Große Pyramide erbaut, die dem Goldenen Tempel von Atlantis nachempfunden war. Der Schlußstein der Großen Pyramide, ein Kristall, war auch hier wieder in der Lage – wenn auch in geringerem Maße – gewisse Kräfte und Energien anzuziehen, die nach dem Fall von Atlantis der Erde noch nicht völlig entzogen worden waren. Doch wieder wurde von Seiten der Priesterschaft Mißbrauch getrieben, und auch diese übriggebliebenen Kräfte gingen der Erde verloren.

Vor allem bei der Herstellung von Amuletten war die Verwendung bestimmter Steine in Ägypten später von Bedeutung, bei denen es sich allerdings nicht unbedingt um Kristalle handelte. Andere Materialien wie Knochen, Muscheln oder Metalle verschiedenster Art dienten ebenfalls diesem Zweck, und es ist nicht genau bekannt, welche Eigenschaften man den Steinamuletten zuschrieb. Die gebräuchlichen Materialien waren kryptokristallin, so wie Karneol, Achat, Türkis und Lapislazuli.

Zur gleichen Zeit benutzten die Babylonier und Assyrer verschiedene Steine und Kristalle für Amulette. Die wichtigste Gruppe darunter waren die Zylindersiegel, die aus den verschiedensten Arten von Gestein hergestellt wurden. Ein alter assyrischer Text, der die Zeiten überdauert hat, besagt, daß Siegel aus »Ka-Gi-Ma-Stein« einem Menschen dabei helfen können, seinen Feind zu vernichten. Ein Siegel aus Lapislazuli enthält einen Gott, und »sein Gott wird sich an ihm erfreuen«. Es hieß auch, daß ein Siegel aus Bergkristall den Besitz eines Menschen zu vergrößern vermochte und eines aus grünem Serpentin viel Segen anziehe. Der Besitzer eines Siegels aus rotem Jaspis oder aus Karneol sollte niemals den Schutz seines Gottes verlieren. Zu jener Zeit hatte sich um die Verwendung bestimmter Steine sogar eine volkstümliche Mythologie entwickelt.

Aus dem gleichen Zeitraum stammt auch das wahrscheinlich bekannteste Beispiel für die Verwendung von Steinen zu magischen Zwecken – ein Objekt, das in der Geschichte als Brustplatte des Aaron bekannt geworden ist, der Teil seines Priestergewandes, der die Brust bedeckte. Da der mythologische Aspekt dieses magischen Objektes in anderen Texten ausführlich behandelt worden ist, erübrigt sich eine erneute Beschreibung. Ich möchte allerdings ein paar wichtige Anmerkungen zu einigen der aufgeführten Steine machen. Hier zeigt sich nämlich eines der größten Probleme, die der moderne Wissenschaftler beim Umgang mit alten Texten und Beschreibungen hat, daß nämlich gewisse Mineraliennamen im Lauf der Geschichte auf eine Vielfalt von Substanzen angewandt wurden, von denen die meisten nicht das Geringste mit den heutigen Substanzen gleichen Namens gemein haben. Beispielsweise wurde in alten Zeiten der Begriff »Saphir« häufig für jeden blauen Stein verwandt. Im Fall der Brustplatte selbst könnte es sich um Lapislazuli gehandelt haben. In vielen Übersetzungen wird der Diamant als einer der Hauptsteine der Platte bezeichnet. Dabei ist jedoch zu bedenken, daß nach der biblischen Beschreibung der Brustplatte in jeden der Steine der Name eines der zwölf Stämme Israels eingraviert wurde. Mit den technischen Möglichkeiten jener Zeit wäre es aber völlig unmöglich gewesen, einen Diamanten glatt zu schleifen, geschweige denn, auf dieser Oberfläche auch noch etwas einzugravieren. Ein anderer Stein, der in diesem Zusammenhang erwähnt wird, ist der Karfunkel. Verschiedene Autoren sind der Ansicht, alles deute darauf hin, daß es sich hierbei um einen Almandin-Granat gehandelt habe, jedoch besteht in diesem Punkt keine Gewißheit. Bei solchen alten Texten und Legenden können wir uns nie sicher sein, ob der Stein, auf den sie sich beziehen, heute noch den gleichen Namen trägt.

Die erste seriöse Abhandlung über Steine ist erst aus der Zeit um 300 v. Chr. bekannt, als Theophrastus, ein Schüler des Aristoteles, eine Arbeit über Steine schrieb. Das Werk umfaßt 120 kurze Abschnitte, in denen der Autor, am Kenntnisstand eines modernen Mineralogen gemessen, ungefähr sechzehn Mineralarten aufführt. Der Rest der Schrift beschreibt die zu jener Zeit bekannten Metalle und gewisse »Erden« (Ocker, Mergel, Ton usw.).

Der nächste antike Autor von Bedeutung war der Römer Plinius, der zwischen 23 und 79 n. Chr. lebte. Er starb, als er jenen Vesuvausbruch beobachtete, der auch Pompeji unter sich begrub. Seine Schriften über die Naturgeschichte wurden wahrscheinlich als Enzyklopädie bezeichnet und umfaßten 37 Bücher. Nur Teile der letzten vier Bücher beziehen sich jedoch auf Steine. Dies ist das umfassendste Werk des Altertums zu unserem Thema. Um eine Vorstellung vom geringen Umfang der alten Schriften zu geben, die uns zur Verfügung stehen, sei gesagt, daß alle seine Ausführungen über Mineralien und Kristalle nicht mehr als etwa fünfzehn Seiten des vorliegenden Buches füllen würden.

Man muß sich darüber im klaren sein, daß sowohl Theophrastus als auch Plinius in ihren Schriften lediglich Informationen zusammentrugen. Sie arbeiteten weder mit den Steinen, die sie beschrieben, noch waren sie höchstwahrscheinlich überhaupt in der Lage, sie alle selbst zu identifizieren.

Das Meiste, was seit der Zeit des Plinius bis zum Wiedererwachen der Gelehrsamkeit im frühen sechzehnten Jahrhundert geschrieben wurde, hat mehr mit Alchemie zu tun als mit der Wissenschaft der Mineralogie. Die Alchemie beschäftigt sich zumindest im rein wissenschaftlichen Sinn des Begriffs mehr mit der Metallurgie als mit der Mineralogie. Doch gibt es immerhin gelegentliche Bezugnahmen auf Mineralien in den Schriften einiger Autoren.

Die Erhaltung früher Schriften wie der des Aristoteles und des Plinius verdanken wir den Arabern, die die wissenschaftlichen Erkenntnisse konservierten, als Europa in jener Dunklen Zeit versank, während der viele Werke alter Schriftsteller im Chaos verlorengingen. Einer dieser Araber ist

Avicenna (980–1073), ein berühmter Arzt, der viele der griechischen und römischen Klassiker ins Arabische übersetzte. Ein weiterer bedeutender Autor jener Zeit war Albertus Magnus, ein Dominikanermönch, der um das Jahr 1270 schrieb. Doch sammelte auch er hauptsächlich die Arbeiten anderer. Seine Schriften über Mineralogie sind in der Zeit zwischen Plinius und Agricola mit Ausnahme einiger Bücher über Edelsteine die einzigen von Bedeutung zu diesem Thema.

In dieser Zeit wurde ein großer Teil der Lehren zusammengetragen, die bis heute mit dem Gebrauch von Kristallen und Edelsteinen in Verbindung gebracht werden. Aus diesem Grund soll an dieser Stelle noch einmal betont werden, daß die Namen, die man den Mineralien damals gab, nicht unbedingt mit unseren heutigen übereinstimmen. Viele der heutigen Autoren sind immer noch nicht dazu übergegangen, einen Unterschied zwischen alter und moderner Terminologie zu machen. So führt der Verfasser eines im Jahre 1973 veröffentlichten Buches immer noch sechs verschiedene Arten von »Rubinen« auf, von denen nur eine tatsächlich ein Rubin ist, während es sich bei den übrigen fünf um vollkommen andere Mineralien handelt. Noch skurriler ist ein Buch, das im Jahre 1977 veröffentlicht wurde und nun schon in zweiter Auflage erscheint. Es enthält eine Liste von 115 Gesteinsnamen und ihren Eigenschaften, von denen 97 Namen in der modernen Mineralogie völlig unbekannt sind. Es wäre gewiß interessant, den Autoren dieses Werkes zu bitten, Proben der verschiedenen Mineralien seiner Liste beizubringen!

Die meisten frühen Abhandlungen über die verschiedenartigen Kräfte von Steinen scheinen sich hauptsächlich auf deren Farbe zu beziehen. Die Verwendung von Farben beim Heilen ist sicherlich eine wohlerprobte Technik, und es besteht kein Zweifel daran, daß die Anwendung von farbigen Steinen fast den gleichen Effekt haben muß wie die Anwendung von Farbe in Verbindung mit jedem anderen Medium. Doch werden hierbei die wertvollsten Eigenschaften der Kristalle völlig außer acht gelassen: ihre Fähigkeit, Energie zu transformieren. Doch mehr darüber später.

Wir können nicht unbedingt davon ausgehen, daß die Benutzer von Kristallen und Mineralien früherer Zeiten diese falsch eingesetzt haben oder unwissend waren. Wahrscheinlicher ist, daß einige jener früheren Kristallfreunde mit Hilfe ihrer eigenen intuitiven Kräfte arbeiteten, insbesondere zu der Zeit, als die Intuition noch kaum durch den Rationalismus beeinträchtigt war. Jedoch sollte man jede Bezugnahme auf ein Mineral mit größter Sorgfalt und mit vorurteilsloser Intuition prüfen. Wir müssen dabei auch berücksichtigen, daß sich die Energie der Erde dramatisch verwandelt hat, seit jene Wirkungen zum ersten Mal beobachtet wurden, und da Kristalle auf Energien reagieren, ist eigentlich zu erwarten, daß ihre energetische Reaktion heute anders sein muß als in den alten Zeiten. Und nicht nur das: Da die Erde heute immer stärker unter dem Einfluß der Wassermannenergie steht, werden wir (mit Hilfe der Intuition) sehen, daß die Reaktionen der verschiedenen Kristalle uns auffordern, wieder neu zu lernen (oder uns zumindest wieder neu dafür zu sensibilisieren), uns ihren Energien zu öffnen.

Wir haben nun den Teil der Geschichte der Mineralogie betrachtet, in dem die Autoren kaum mehr getan haben, als aus den verschiedensten Quellen alle zu ihrer Zeit erhältlichen Informationen zusammenzutragen. Die moderne Wissenschaft der Mineralogie nahm jedoch erst im Jahre 1546 ihren Anfang.

In diesem Jahr veröffentlichte Georgius Agricola sein Werk *De Natura Fossilium,* in dem er Mineralien auf Grund ihrer physikalischen Eigenschaften klassifizierte. Dieser Autor hat tatsächlich selbst Mineralien studiert und beschrieben und den Mineralbeschreibungen seiner Vorgänger neue hinzugefügt. Im Jahre 1556 veröffentlichte Agricola ein noch bemerkenswerteres Buch über das Schürfen sowie über Mineralogie und Metallurgie, *De Re Metallica.* Dieses war mehr als zweihundert Jahre lang das Standardwerk des Bergbauwesens, und sogar heute noch ist es eines der angesehensten klassischen Werke der wissenschaftlichen Literatur.

Dem Beispiel von Agricola folgten andere, wie Linnaeus und Berzelius. Sie fingen an, Mineralien zu studieren und zu klassifizieren, wobei sie verschiedene Methoden zur Klassifikation anhand äußerer Eigenarten und anhand der chemischen Zusammensetzung einführten.

Doch die wahre Natur der Mineralien und Kristalle wurde erst durch eine andere Wissenschaft erschlossen – die Chemie. Erst sie lieferte die Grundlagen und Erklärungen für viele der Charakteristika von Mineralien. Das Konzept des Atoms war zwar schon seit der Zeit des Aristoteles bekannt, doch gelang erst dem englischen Chemiker John Dalton der erste entscheidende Schritt zu seiner wissenschaftlichen Bestätigung. Unter Verwendung eines neu erfundenen Brennglases erhitzte er Quecksilberoxid in einem geschlossenen Behälter. Er entdeckte, daß bei diesem Vorgang ein sehr reines Gas freigesetzt wurde, das ein anderer Chemiker, A. L. Lavoisier, als Sauerstoff bezeichnete. Obgleich das Konzept der chemischen Elemente schon im Jahre 1661 festgelegt worden war, war dies das erste »neue« Element, das entdeckt wurde.

Mit der Entstehung der modernen Atomtheorie erhielt auch die Wissenschaft der Mineralogie eine erste Grundlage zur Weiterentwicklung. Um 1800 begann man mit der verläßlichen chemischen Analyse der Mineralien, und die Erfindung des optischen Goniometers im Jahre 1809 machte das rasche und präzise Messen von Kristallwinkeln möglich. Um diese Zeit wurde klar, daß die chemische Zusammensetzung und die kristallografischen Charakteristika die fundamentalen Eigenschaften der Mineralien waren.

Es wurden mehr und mehr Daten gesammelt, und der Amerikaner James White Dana entwickelte im Jahre 1837 jenes im 3. Kapitel beschriebene mineralogische System, das sowohl auf chemischen Bestandteilen als auch auf kristallografischen Charakteristika basiert.

Um die Jahrhundertwende experimentierte man erstmals mit der synthetischen Erzeugung von Kristallen. Der erste Kristall, der in kommerziell verwertbaren Mengen produziert wurde, war der Saphir, und zwar schon vor dem Zweiten Weltkrieg. Bereits damals hat dieses synthetische Mineral die Verwendung von natürlichem Saphir für Präzisionslager in Uhren und Meßgeräten nahezu verdrängt.

Das starke Wachstum der elektronischen Industrie in den fünfziger und sechziger Jahren unseres Jahrhunderts begünstigte auch die Produktion von synthetischen Quarzkristallen, für die es in der Elektronik vielfältige Verwendung gibt. Von 1970 an wurden Diamanten erfolgreich in kommerziellem Maßstab synthetisiert, und Dutzende von Mineralien wurden unter den verschiedensten Laborbedingungen hergestellt. Etwa zu dieser Zeit gelang es auch erstmalig, Kristalle zu erzeugen, die in der Natur nicht vorkommen. Dadurch wurden einige bemerkenswerte Fortschritte in der Elektronik möglich.

All diese Experimente haben unser Verständnis vom Wie und Warum des Kristallwachstums beträchtlich erweitert. Seit wir wissen, wie Kristalle unter Laborbedingungen wachsen, verstehen wir auch ihren natürlichen Wachstumsprozeß besser.

Ob jedoch künstlich gezüchtete Kristalle jemals natürliche Kristalle als Kontaktmedien zwischen Geist und Materie ersetzen können, damit werden wir uns im Zusammenhang mit den verschiedenen Verwendungen von Kristallen befassen.

7

Die Kristallenergien

Bevor wir uns mit dem Verhalten von Energien in Kristallen befassen, unterteilen wir diese Energien zunächst in zwei Gruppen.

Die erste Gruppe, die *mundanen Energien*, sind mit den heutigen wissenschaftlichen Methoden meßbar, z. B. Elektrizität, Lichtenergie, Wärmeenergie und mechanische Energie. Die zweite Gruppe, die *spirituellen Energien*, sind mit den heutigen Meßmethoden nicht erfaßbar. Gemeint sind die Energien des Denkens, des Willens, des Heilens und die der feinstofflichen Körper. Diese Unterscheidung ist zweifellos etwas willkürlich, hat aber ihren Sinn: Wie mundane Energien sich innerhalb von Kristallen verhalten, ist ziemlich genau beschreibbar, und aus diesen Beschreibungen lassen sich gewisse Parallelen zum Verhalten spiritueller Energien ableiten.

Kommen wir zunächst noch einmal auf die im 2. Kapitel behandelten Bindungen zurück und auf die Tatsache, daß die Kräfte, die einen Kristall zusammenhalten, sich im Zustand des perfekten Gleichgewichts und der Harmonie befinden. Kristalle scheinen weder Energie abzugeben noch aufzunehmen. Der Beweis ist denkbar einfach: Würde der Kristall Energie aufnehmen, so müßte er wachsen; gäbe er hingegen Energie ab, so würde er schrumpfen. Tatsächlich nehmen Kristalle jedoch ständig Energie auf und geben gleichzeitig Energie ab. Dabei entspricht die abgegebene Energiemenge exakt der, die aufgenommen wird. Deshalb bleiben sie unverändert. (Bei bestimmten Kristallen trifft dies nicht zu: bei denen radioaktiver Elemente. Diese geben ständig Energie ab und *verändern sich*.) Untersuchen wir bei einigen Kristallen, wie sie ihr Energiegleichgewicht aufrechterhalten. Zunächst werden wir uns mit dem *piezoelektrischen Effekt* befassen. An einem Quarzkristall ist dieser Effekt leicht zu demonstrieren. In Abbildung 120a sehen wir einen gewöhnlichen Quarzkristall mit vertikaler A-Achse. Die Atome der Kristallstruktur befinden sich in festem Abstand zueinander, einer perfekten Balance. Abbildung 120b zeigt, wie ein Schlegel in Richtung der A-Achse auf den Kristall auftrifft und die Kristallstruktur kurzzeitig unter Druck setzt.

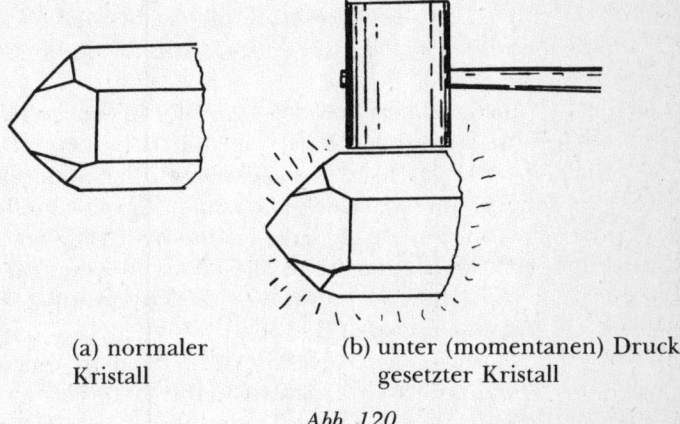

(a) normaler   (b) unter (momentanen) Druck
Kristall   gesetzter Kristall

Abb. 120

Dabei können wir einen Lichtblitz beobachten. Außerdem gibt der Kristall auch noch einen elektrischen Impuls ab, der aber ohne spezielle Sensoren nicht zu sehen ist. Daß Kristalle bei diesem Versuch deutlich sichtbares Licht abgeben, war offenbar schon unseren Vorfahren bekannt, denn an ehemaligen Lagerplätzen von Indianerstämmen finden sich oft ziemlich »malträtierte« Quarzkristalle.

In der modernen Forschung untersucht man Kristalle natürlich nicht mit einem Schlegel, sondern man stellt präzise gefertigte Kristallscheiben her, die mechanisch unter Druck gesetzt werden. Die Scheiben sind mit einem elektronischen Meßgerät verbunden. Bei diesem Experiment werden die Atome der Kristallstruktur ein wenig enger zusammengepreßt (der Druck ist so gering, daß man ihn kaum messen kann). Dadurch werden die Elektronen der äußeren Energieschalen von der Notwendigkeit befreit, sich so eng aneinander zu binden, und sie bewegen sich zur Oberfläche des Kristalls. Aus dem 2. Kapitel wissen wir, daß bei dieser Elektronenbewegung von einer Schale auf die andere oder, wie hier, ganz aus dem Bereich der Schalen heraus, auch ein Lichtquantum frei wird. Daß heißt, daß nicht nur die Elektronen, sondern auch die Lichtmenge, die die Elektronen auf der äußeren Schale »festhält«, frei wird. Die übrigen Elektronenschalen scheinen bei diesem Vorgang keine Rolle zu spielen: Alle im ersten Teil dieses Kapitels besprochenen Phänomene beziehen sich ausschließlich auf die äußerste Elektronenschale.

Ich möchte ausdrücklich betonen, daß der piezoelektrische Effekt nur im Augenblick des Drucks auftritt und nur so lange anhält, bis alle verfügbaren Elektronen der äußeren Schalen frei sind. Wenn der Druck nachläßt oder nicht mehr weiter ansteigt (z. B. wenn der Kristall in einem Schraubstock zusammengepreßt wird), und wenn alle Elektronen auf diesem Energieniveau schon frei sind, hört die Entladung auf. Um noch einmal zum Beispiel des Schlegels zurückzukommen: Sobald der Druck nachläßt, kehrt der Kristall in seinen ursprünglichen Zustand zurück. Er ersetzt die zuvor verlorenen Elektronen entweder durch andere von der Oberfläche des Kristalls oder durch Elektronen aus der Luft (wo immer genügend zu finden sind). Außerdem nimmt er auch wieder die Lichtmenge auf, die erforderlich ist, um die Elektronen erneut in ihrer ursprünglichen Position auf der äußeren Schale »festzukleben«. Sogar in einem dunklen Raum ist genügend Licht dafür vorhanden, allerdings ist dieses mit bloßem Auge nicht wahrnehmbar.

Man kann dieses Experiment auch umkehren. Anstatt den Kristall unter Druck zu setzen, damit Elektrizität frei wird, kann man auch Elektrizität (einen Elektronenstrom) in den Kristall hineinlenken. Dadurch wird die Kristallstruktur zeitweilig ausgedehnt. Der Ansturm der Elektronen überlädt kurzzeitig die äußere Schale, so daß die Atome ein wenig auseinandergetrieben werden. Doch sind die Elektronen in ihrer neuen Postion nicht stabil und bewegen sich schon bald auf die nächste Schale. Unterdessen schnellen die Atome, die ja nur gezwungenermaßen auseinandergerückt waren, in ihre ursprüngliche Position zurück, bis der nächste Elektronenansturm erfolgt und das Ganze sich wiederholt. Diese abwechselnde Expansion und Kontraktion der Kristallstruktur ist eine Schwingung. Wenn ein Mensch sehr sensible Finger hätte, könnte er das Schwingen eines Kristalls spüren. Würde man genügend Elektronen höherer Energie (mit höherer Stromstärke) in die Kristallstruktur leiten, so würde sie zerspringen. Doch wird dies wohl kaum einer von uns ausprobieren wollen. Über diese Schwingungsfähigkeit von Kristallen sind einige interessante Dinge zu sagen. Wenn man beispielsweise mehrere gleichartige Kristalle in Scheiben von gleicher Dicke schneidet (siehe Abb. 121) und sie der

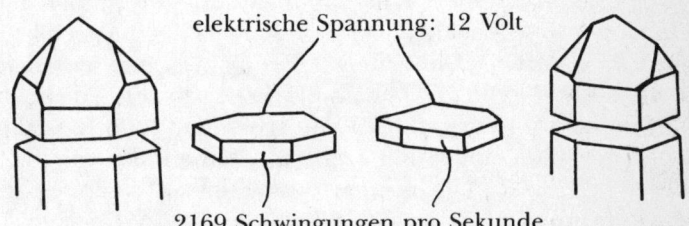

elektrische Spannung: 12 Volt

2169 Schwingungen pro Sekunde

Abb. 121: Zwei gleich große Quarzplatten von zwei verschiedenen Kristallen

gleichen elektrischen Spannung aussetzt, so ist die Schwingungsfrequenz der Scheiben identisch. Diese Schwingungsfrequenz, die in Schwingungen pro Sekunde gemessen wird, macht man sich in der Technik oft zunutze, insbesondere bei den Quarzresonatoren, die der Frequenzkontrolle in den Kristall-Tonabnehmern von Plattenspielern dienen, und außerdem bei Druckmessern. Einige Leser erinnern sich vielleicht noch an die alten Kristallradios. Ihr wichtigstes Bauelement war ein scheibenförmiger Quarzkristall. Die ersten Sende- und Empfangsgeräte konnten nicht miteinander »sprechen«, wenn nicht beide Geräte Kristalle von gleicher Stärke enthielten.

Auch während Sie dieses Buch lesen, profitieren Sie möglicherweise von der Fähigkeit der Kristalle, Schwingungen zu erzeugen – denken Sie an Ihre elektronische Uhr. Der Quarzkristall in der Uhr schwingt eine bestimmte Anzahl von Malen pro Sekunde, die von einem kleinen Computer mitgezählt werden. Bei einer gewissen Zahl springt jedesmal der Sekundenzeiger um eine Einheit weiter. Hat er das sechzigmal getan, rückt der Minutenzeiger um eine Einheit vor, und so weiter.

Als nächstes wollen wir uns mit der Auswirkung von Hitze auf Kristalle beschäftigen. Das Resultat wird *Pyroelektrizität* genannt. In Indien und Ceylon weiß man schon seit Jahrhunderten, daß Turmalin, wenn man ihn in der Glut eines Feuers erhitzt, zunächst Asche anzieht und sie dann wieder abstößt. Dieses Phänomen beruht auf elektrischer Ladung, die sich an der Oberfläche sammelt, und es ist bei den Kristallen zu beobachten, bei denen auch der piezoelektrische Effekt auftritt. Die Unterscheidung zwischen pyroelektrischem und piezoelektrischem Effekt ist schwierig, da beide eng miteinander verwandt zu sein scheinen, denn Kristalle, die erhitzt oder abgekühlt werden, dehnen sich aus bzw. ziehen sich zusammen und befinden sich in einem Spannungszustand.

Beim Erhitzen des Kristalls kommt es offenbar zu einer Verzerrung des Kristallgitters, möglicherweise auf Grund der Elektronen, die sich infolge der erhöhten Wärmeenergie auf die äußeren Elektronenschalen bewegen. Wie bei der Piezoelektrizität werden auch im Fall der Pyroelektrizität einige Elektronen so stark mit Energie aufgeladen, daß es ihnen gelingt, sich von den äußeren Schalen loszureißen und zur Oberfläche des Kristalls zu bewegen. Wird Quarz stark erhitzt, so bildet sich eine völlig andere Kristallstruktur, die man als Beta-Quarz bezeichnet. Kühlt der Kristall jedoch ab, so kehrt er wieder in seinen ursprünglichen Zustand zurück, den man Alpha-Quarz nennt.

Diese elektrische Eigenschaft läßt sich leicht an einem erhitzten Turmalin demonstrieren. Ein gereinigter, trockener Turmalinkristall wird auf ungefähr 200 Grad Celsius erhitzt und dann mehrmals durch die Flammen einer Alkohollampe geführt, um die Oberflächenladung zu zerstreuen. Dann legt man den Kristall zum Abkühlen auf eine Glasplatte und siebt eine Mischung aus pulverisiertem rotem Blei und Schwefel darüber. Das rote Blei bewegt sich zum negativ geladenen Teil der Oberfläche, der Schwefel hingegen zum positiv geladenen Bereich. Nach dem Abkühlen absorbiert der Kristall die Elektronen wieder in die Struktur und nimmt seine ursprüngliche Form an.

Wenden wir uns nun dem nächsten energetischen Phänomen zu, der Farbe. Farbe entsteht bei Mineralien meist, weil die Atome der Kristalle bestimmte Lichtwellen absorbieren. Die Wellenlängen von weißem Licht, die in keinem Fall absorbiert werden, lassen das Auge Farbe wahrnehmen. Auch hier wieder spielen die Elektronen der äußeren Schalen eine Rolle, es können die äußeren Elektronen der Atome des Kristallgitters sein oder auch Elektronen, die mit gewissen Defekten im Kristallgitter in Zusammenhang stehen. Farbe, die aufgrund von Defekten im Kristallgitter zustande kommt, nennt man *Farbzentren* oder F-Zentren (abgeleitet vom deutschen Wort *Farbe*). Diese F-Zentren absorbieren Licht. Sie können entstehen durch:

1) Fremdatome innerhalb des Gitters;
2) den Überschuß an Atomen eines Elements über das von der chemischen Formel erforderte Maß hinaus, beispielsweise ein Überschuß an Kalziumatomen beim Kristall Fluorit (CaF_2);
3) mechanische Deformation des Kristallgitters.

Zunächst werden wir uns mit der Farbwirkung von Fremdatomen in der Kristallstruktur befassen. Abbildung 122a zeigt das Modell eines Schnitts durch das Mineral Korund (Al_2O_3). In diesem ersten Beispiel ersetzt ein Chromatom in der Struktur ein Aluminiumatom. Chrom- und Aluminiumatome sind ungefähr gleich groß, weshalb das Chromatom anstelle des Aluminiumatoms in die Korundstruktur paßt – allerdings nur ungefähr. Das Chromatom ist nämlich eine Winzigkeit größer als das Aluminiumatom. Es paßt etwa so in die Struktur, wie ein Fuß von Größe 6 in einen Schuh für Größe 5½ paßt – es geht zwar, aber es zwickt! Das »Zwicken«

113

beim Kristall bedeutet eine Störung der Bindungsenergie, die das Chromatom umgibt. Diese verursacht eine leichte Verzerrung im Kristallgitter, so daß an einer Stelle Elektronen freigesetzt, an anderen hingegen festgehalten werden. Die festsitzenden Elektronen absorbieren die Lichtenergie bestimmter Wellenlängen, und im Fall des Chromatoms in der Korundstruktur ist die einzige Wellenlänge, die »entfliehen« kann, die der Farbe Rot. Einen Korund, der dem Auge rot erscheint, bezeichnet man als Rubin.

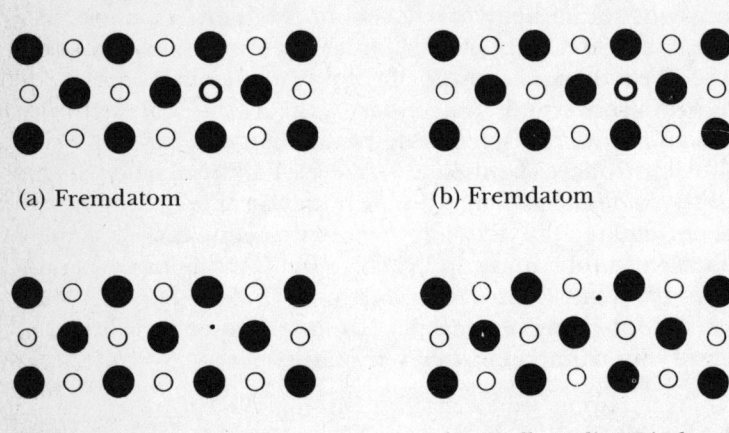

(a) Fremdatom

(b) Fremdatom

(c) fehlendes Atom mit eingeschlossenem Elektron

(d) unvollständige Bindung mit eingeschlossenem Elektron

Abb. 122

Wie ein Elektron Energie »einfängt«, ist nicht genau bekannt. Ein Physiker sagte einmal, diese Frage gehöre eher in die Philosophie als in die Physik.

Ist das Fremdatom in der obigen Struktur Titan, so kann nur blaues Licht entweichen. In diesem Fall wird der Stein als Saphir bezeichnet. An dieser Stelle möchte ich auf ein anderes interessantes Phänomen hinweisen: Rubine sind fast immer kleiner als Saphire, und auf der ganzen Welt gibt es nur sehr wenige größere Rubine. Experimente haben gezeigt, daß Chrom schon in sehr kleinen Mengen beim wachsenden Kristall Spaltungen verursacht und das Wachstum somit behindert. Chrom-Fremdatome färben also nicht nur, sondern verhindern auch das Heranwachsen größerer Kristalle.

Abbildung 122b zeigt das Modell einer Quarzstruktur (SiO_2). Hier ersetzt ein Eisenatom ein Siliziumatom, und das Eisenatom ist etwas größer als das Siliziumatom. Wieder ist das Kristallgitter leicht deformiert worden. Diesmal absorbieren die befreiten Elektronen jedoch alle Farben außer violett, was diesen Quarzkristall zu einem Amethyst werden läßt.

Nicht immer bewirkt schon allein das Vorhandensein von Fremdatomen eine Färbung, sondern ein äußerer Einfluß wie Hitzeeinwirkung oder Strahlung muß hinzukommen. Wenn zum Beispiel ein Quarz, bei dem gelegentlich ein Aluminiumatom ein Siliziumatom ersetzt, nicht in einer Region gewachsen ist, in der ein gewisses Maß an natürlicher Radioaktivität im Gestein vorhanden ist, bleibt er farblos. Setzt man ihn jedoch einer relativ schwachen Strahlung aus, so färbt er sich in einem Farbspektrum von gelbbraun bis schwarz (Zitrin und Rauchquarz).

Viele Edelsteine werden zum Zwecke der Farbveränderung hitzebehandelt, und seit etwa zehn Jahren färbt man beispielsweise Diamanten mit Hilfe von Röntgenstrahlen. Beide Methoden scheinen bei den in der Kristallstruktur vorhandenen Fremdatomen eine Veränderung zu bewirken. So werden überzählige Elektronen frei und absorbieren bestimmte Lichtwellen. Als Beispiel sei brauner Zirkon genannt, der stets hitzebehandelt wird, um ihn blau zu färben. Auch gewisse Varietäten des Amethyst werden gelegentlich hitzebehandelt, um sie gelbbraun (Zitrin) zu färben.

Schon wenige Fremdatome zwischen einer Million normaler Atome vermögen einen Kristall zu färben. Um einen Quarzkubus von 30 Zentimetern Seitenlänge zum Amethyst zu machen, wäre eine Eisenmenge erforderlich, die ungefähr dem Volumen eines Stecknadelkopfes entspricht.

F-Zentren können auch durch überschüssige Atome eines Elements entstehen, die nach der chemischen Formel des Minerals überzählig sind. Diese Art der Färbung ist allerdings selten und scheint meist bei Kristallen mit ionischer Bindung aufzutreten. Auch diese überzähligen Atome verursachen Deformationen im Kristallgitter, durch die lichtabsorbierende Elektronen festgehalten werden.

Als dritte Möglichkeit der Farberzeugung müssen noch mechanische Störungen des Kristallgitters erwähnt werden. Sie können durch Druck oder Hitze entstehen. Bei jeder Störung des Gitters entstehen freie Positionen zur Aufnahme von positiv und negativ geladenen Atomen. Das Fehlen einer negativen Ladung verhält sich elektrisch wie eine positive Ladung und vermag ein Elektron einzufangen. Diese Arten von F-Zentren stellt man sich als positiv geladene Leerräume vor, in denen sich ein Elektron bewegt. Zur gleichen Kategorie von Defekten am Kristallgitter zählt man unvollständige (gebrochene) Bindungen, die ebenfalls als Elektronenfalle dienen können. Diese beiden Varianten sind in den Abbildungen 122c und 122d dargestellt. In solchen unter Druck gesetzten Kristallgittern können ebenso Elektronen eingefangen werden wie in Fällen der durch Fremdatome verursachten Störungen der ersten Beispiele.

Wird ein ursprünglich farbloser Kristall durch Bestrahlung gefärbt, so verlieren hierbei wahrscheinlich einige Atome ein Elektron ihrer äußeren Schale, und man nimmt an, daß dieses sich durch Aufnahme einer gewissen Energiemenge frei bewegen kann. Wenn das Kristallgitter perfekt wäre, würde dieses Elektron wieder zurückfallen, sobald die Erregungsspannung nachließe. Defekte im Kristallgitter jedoch liefern Stellen mit abweichendem Energieniveau, zu denen sich die freien Elektronen hinbewegen. Nach der Bestrahlung hat sich die Energieverteilung innerhalb des Kristalls verändert, und die F-Zentren, die die Lichtenergie aufnehmen, sind entstanden. Der Kristall ist nun gefärbt.

Bei jedem positiv geladenen Atom, das ein Elektron verloren hat, befindet sich auf der äußeren Energieschale ein Leerraum. Solche Atome werden positive Löcher genannt – ein Begriff, der oft im Zusammenhang mit Transistoren auftaucht. Diese positiven Löcher tendieren dazu, jedes Elektron einzufangen, das sich ihnen nähert.

Wir wollen nun zusammenfassen, was wir bis jetzt über das energetische Verhalten von Kristallen erfahren haben. Setzt man einen Kristall mechanischer Energie aus, entweder durch einen Schlag oder durch kurzzeitigen Druck, so gibt er Licht und Elektrizität ab. Kehrt man diesen Prozeß um und leitet Elektrizität in den Kristall hinein, so entsteht mechanische Energie (in Form von Schwingungen). Wärmeenergie, die man in einen Kristall leitet, erzeugt elektrische Energie. Setzt man farbige Kristalle weißem Licht aus, so verändert sich ihre Energie, und nur Licht einer bestimmten Wellenlänge (und Farbe) tritt wieder aus.

In allen Fällen ist die Energie, die in den Kristall eintritt, eine andere als die, die austritt. Also ist Energie *transformiert* worden. Genau darin besteht der wohltätige Effekt von Kristallen – sie sind Energie*umwandler*.

Nachdem wir die transformierende Kraft von Kristallen bei mundanen Energien untersucht haben, wenden wir uns nun den spirituellen Energien zu und beobachten, wie Kristalle auf sie reagieren.

Spirituelle Energien

Wir wollen uns jetzt mit der Beziehung zwischen Kristallen und spirituellen Energien beschäftigen, die mit Hilfe wissenschaftlicher Methoden nicht meßbar sind. Unter ihnen ist die *Elementar*energie des Kristalls die wichtigste. Aber was ist Elementarenergie? Doch zunächst einmal: Was genau ist *Energie*?

Wir haben zwar bisher über einige Energiephänomene gesprochen, aber nicht darüber, was Energie *ist*. Das ist auch nicht möglich. Die Wissenschaftler können heute Verhalten und Wirkungen von Energien ziemlich genau beschreiben und verstehen, aber wir wissen immer noch nicht konkret, was Energie tatsächlich ist. Wissenschaftlich orientierten Lesern wird wahrscheinlich die folgende Besprechung der Elementarwesen ein wenig »weit hergeholt« vorkommen. Doch wenn wir über Wesenheiten sprechen, die aus Energie bestehen, so sind wir damit kaum weniger wissenschaftlich als ein Physiker, der über die Auswirkungen der Schwerkraft spricht, jedoch keinerlei Vorstellung davon hat, was Schwerkraft tatsächlich *ist*.

Hinter jeder physischen Form verbergen sich Elementarwesen, die man als *Essenz* hinter der Form bezeichnen könnte. Für diese Wesenheiten gibt es auch andere Namen, wie etwa »Deva« (ein Sanskritwort, das »Wesen aus Licht« bedeutet) oder »engelhafte Wesen«.

Mit Hilfe der Kirlianfotografie hat man festgestellt, daß auch da gewisse Energieformen existieren, wo keine materiellen Formen vorhanden sind. Bei einem berühmten Experiment fotografierte man mit dieser Methode einen Frosch, entfernte ihm anschließend ein Bein und stellte fest, daß auf einer zweiten, nach der Amputation entstandenen Aufnahme, die Energieform noch die gleiche war, als ob das fehlende Körperglied noch vorhanden wäre. Die Fotografie zeigte also die *Energie* des Beins, obgleich dieses nicht mehr am Körper war.

Elementarwesen gibt es im Pflanzenreich wie auch im Tierreich, und viele Beispiele zeigen, daß es möglich ist, mit diesen Elementarwesen telepathischen Kontakt aufzunehmen. Ein klassisches Beispiel hierfür sind Dorothy Macleans Kontakte mit solchen Wesen in der Findhorn-Community in Schottland. Andere Kontakte dieser Art sind in esoterischen Büchern beschrieben. Viele Leser haben sicher auch von den Experimenten gehört, die vor einigen Jahren mit Pflanzen durchgeführt wurden. Diese Pflanzen wurden mit Polygrafen (Lügendetektoren) verbunden, und man richtete dann freundliche oder feindselige Gedanken auf sie, auf die sie sehr unterschiedlich reagierten. In einem anderen Fall schloß man mehrere Pflanzen an Polygrafen an und versengte dann eine von ihnen mit einer Zigarette. Als der Experimentator am nächsten Tag den Versuchsraum betrat, zeigten *alle* Pflanzen starke Angstreaktionen.

Diese Experimente haben vor allem gezeigt, daß es auch im Pflanzenreich Bewußtsein gibt. In Bezug auf das Tierreich ist dies seit langem bekannt. Heute erkennen wir nun, daß auch im *Mineralreich* Bewußtsein existiert. Natürlich ist dies kein Bewußtsein im gleichen Sinne wie in der Welt der Lebewesen, aber es ist Bewußtsein. Und mit Bewußtsein ist ein gewisses Maß an freiem Willen verbunden. Viele denken, der Mensch sei das einzige Wesen mit einem freien Willen. Es läßt sich jedoch leicht demonstrieren, daß es auch in den übrigen Naturreichen einen freien Willen gibt, wenn auch in sehr unterschiedlichem Maße.

Ein einfaches Beispiel soll uns zeigen, wieviel Willensfreiheit die Angehörigen der verschiedenen Naturreiche besitzen.

Ein Mensch, der in der Sonne steht und sich abkühlen möchte, kann einfach in den Schatten gehen. Oder er legt ein paar Kleidungsstücke ab oder spannt einen Sonnenschirm auf. Vielleicht baut er auch einen Swimmingpool oder erfindet eine Klimaanlage. Die Zahl der Möglichkeiten ist unbegrenzt.

Fühlt sich ein Tier im heißen Sonnenlicht nicht wohl, so kann es sich an einen schattigen Ort begeben oder in einen See oder Fluß springen. Eine Pflanze, die sich in der Sonne nicht wohlfühlt (oder die sich noch *mehr* Sonne wünscht), kann sich nicht einfach von der Stelle bewegen, sondern lediglich ihre Wachstumsrichtung leicht abändern, die Blätter zusammenrollen oder die Blüten schließen, um die Menge an Sonnenlicht, der sie ausgesetzt ist, zu verändern. Sie hat also wesentlich weniger Wahlmöglichkeiten. Wie steht es mit dem Reich der Mineralien? Ein Stein, der sich an einem Ort befindet, wo er nicht zu sein wünscht (wenn der Begriff »wünschen« auf dieser Bewußtseinsebene überhaupt anwendbar ist), muß bleiben, wo er ist, bis irgendeine äußere Kraft ihn fortbewegt. Die Elemente des Mineralreichs sind mit anderen Worten sehr von anderen abhängig und besitzen nur wenig freien Willen. Wenn wir uns nun daran erinnern, daß das Elementarwesen der Kern des jeweiligen Naturreichs ist, müssen wir erkennen, daß die Elementarwesen des Mineralreichs wenig freien Willen besitzen. Gerade dieser Mangel und ihre Empfänglichkeit für Lenkung durch andere Kräfte eines höheren Willensniveaus machen sie so mächtig, die Verbindung mit einem *anderen* Faktor.

Schauen Sie sich einmal um, vielleicht sehen sie Pflanzen, vielleicht auch ein paar Tiere, und Sie selbst sind natürlich ein Mensch. Es sind also Wesen aus den Naturreichen der Pflanzen, Tiere und Menschen präsent, und damit auch die Elementarenergien dieser Reiche. Außerdem ist sicher auch in irgendeiner Form das Mineralreich vertreten. Tatsächlich besteht die Erde selbst hauptsächlich aus Mineralien. Doch wie ist es auf dem Mond? Oder auf dem Mars? Dort gibt es weder Pflanzen noch Tiere und erst recht keine Menschen. Mit anderen Worten, die Elementarwesen dieser Naturreiche sind dort nicht präsent, oder zumindest nur sehr schwach. Anders verhält es sich mit dem Mineralreich. Die Mineralien auf anderen Planeten sind die gleichen wie die irdischen. Die Elementarenergien des Mineralreiches sind *universale* Energien. Der Kontakt mit dieser Energie stärkt unseren höheren Willen und fördert unsere Kreativität, und so ziehen wir schließlich jene mächtigen Energien an, aus denen das gesamte materielle Universum besteht. Deshalb haben Kristalle so starke Kräfte und Energien, mit denen man nur vom höchsten Bewußtsein aus arbeiten sollte.*

Erinnern wir uns daran, daß die Phänomene, die bezogen auf die materielle Form der Kristalle beschrieben wurden, auch für ihre Elementarenergie relevant sind. Nicht nur die mundanen Kristallenergien befinden sich daher im Zustand vollkommener Balance, sondern *alle* Energien, also auch die spirituellen, und wir entdecken im Kristall das natürliche Gleichgewicht zwischen physischen und spirituellen Energien. Energie, die durch einen natürlichen Kristall fließt, wird harmonisiert; dabei bleibt die natürliche Balance des Kristalls erhalten. Das Vermögen des Kristalls, Energien auszugleichen, ermöglicht deren Transformation – im Bereich der spirituellen ebenso wie im Bereich der mundanen Energien. Transformation und Harmonisierung auf allen Energieebenen sind die wichtigsten Kräfte und Eigenschaften der Kristalle.

Praktisch bedeutet dies: Wenn sich die Energien des Kristallbenutzers nicht in einem ausgeglichenen Zustand befin-

* Im gesamten Universum entsprechen die Mineralien denen auf der Erde. Dies stellte sich bei Untersuchungen von Mondgestein und von Tausenden von Meteoriten heraus, die ständig auf die Erde niedergehen und größtenteils Mineralien enthalten, die mit irdischen identisch sind. Gelegentlich findet man in Meteoriten auch Mineralien, die auf der Erde noch unbekannt sind. Diese kommen jedoch nur in so geringen Mengen vor, daß sie möglicherweise auf der Erde bisher noch nicht entdeckt worden sind. Immer noch werden Jahr für Jahr einige neue Mineralien entdeckt.

den, tendiert der Kristall von sich aus dazu, das energetische Gleichgewicht wieder herzustellen, sobald der Betreffende seine Energien in den Kristall sendet. Dadurch wird die Energie des Benutzers stärker konzentriert, und oft entsteht so der Eindruck, daß der Kristall die Energie verstärkt hat. Das ist jedoch nicht der Fall, er konzentriert nur die vorhandene Energie, und manchmal fügt er etwas hinzu.

Wie aber kann ein Kristall etwas zur Energie des Benutzers beitragen? Die Antwort liegt in der Umgebung, in der wir leben. Unser Heimatplanet besteht größtenteils aus Mineralien, und die anderen Lebensformen unseres Planeten haben sich allesamt aus dem Mineralreich entwickelt. Das Mineralreich versucht ständig, einen energetischen Ausgleich herzustellen, und diese Elementarenergie wird weitgehend vom höheren Willen gelenkt. Die Menschheit hat die Aufgabe, diesen höheren Willen auf der Erde zu entwickeln. Doch seit dem Untergang von Atlantis hat sich dieser Wille vorwiegend darin geäußert, soviel Disharmonie wie nur eben möglich auf sich zu laden. Dies ist auf die Gesetze des Karmas zurückzuführen. Doch heute, beim Anbruch des Neuen Zeitalters, versuchen wir, die Störungen im energetischen Gleichgewicht des Geistkörpers der Erde und seiner Erscheinungsformen zu beseitigen. Dies nennen wir »Heilen«. Und heilen wollen auch die Kristalle. Mit Hilfe des Mineralreichs können wir einzelne Menschen, die Umwelt und sogar die Erde insgesamt heilen. Ist dann der Einklang mit der natürlichen Ordnung wiederhergestellt, so wächst auch unser Vertrauen in den eigenen kreativen Willen.

Wenn wir die Energien des Mineralreichs in ihrer präzisesten Form nutzen – in Form der Kristalle –, so setzen wir damit durch unseren Willen die Hilfe dieser Elementarenergien zum planetaren Heilen ein. Der Kristall selbst hat keinen freien Willen. Deshalb kann er ohne den Einfluß des höheren Willens keine Harmonie auf Bewußtseinsebenen schaffen, die sein eigenes Bewußtseinsniveau übersteigen. Wenn wir einen Kristall mit unserer Willenskraft (oder Intuition) benutzen, so bringen wir lediglich die Elementarenergie des Kristalls dazu, uns in unserer eigenen Kreativität zu unterstützen.

121

Durch das Elementarwesen des Kristalls können wir auch zusätzliche Elementarenergie anziehen, die mit unserer eigenen Energie harmoniert. Ohne Willensenergie jedoch und ohne eine kleine Zugabe von Kreativität produziert auch das Elementarwesen keine Energie. Wie dies praktisch zu bewerkstelligen ist, daß die Willensenergie harmonisch mit der Elementarenergie zusammenarbeitet, wird in den folgenden Kapiteln besprochen.

Ein letzter Punkt ist noch zu erwähnen. Jeder Kristall hat seine völlig individuelle Energie, genauso wie jeder Mensch, jede Pflanze und jedes Tier eine eigene Energie hat. Diese hängt jeweils von der natürlichen Umgebung ab, in der der Kristall gewachsen ist, und da das natürliche Milieu überall variiert, hat tatsächlich jeder Kristall, insbesondere auf der Elementarebene, seine eigene »Persönlichkeit«, genau wie jeder Mensch. Vereinfacht gesagt heißt dies, daß jeder Kristall sich von jedem anderen Kristall unterscheidet.

Dies kann man leicht im Rahmen eines Workshops demonstrieren. Geeignete Übungen werden in einem späteren Kapitel beschrieben.

Die feinstofflichen Energien von Kristallen von verschiedenen Orten der Erde unterscheiden sich erheblich voneinander, auch wenn die Kristalle ansonsten identisch sind. So ist Quarz aus Brasilien vom Material her völlig identisch mit Quarzkristallen aus Arkansas in den USA, aber sogar ein nicht besonders sensibler Mensch kann spüren, daß die Energien dieser beiden Quarze sehr verschieden sind.

In den folgenden Kapiteln werden wir unsere persönliche Beziehung zu den Elementarwesen der Kristalle erforschen und untersuchen, wie wir diese Energien gemeinschaftlich und in Harmonie zur Heilung der Erde einsetzen können.

Gleichgewicht und Harmonie sind in der heutigen Welt rar. Und doch *besteht* unsere Welt größtenteils aus Kristallen, die, wie wir gesagt haben, dazu neigen, Harmonie zu schaffen. Irgendjemand hat errechnet (und ich habe diese Berechnung überprüft), daß die gesamte Menschheit in einen Würfel von 800 Metern Seitenlänge passen würde. Sollten Sie grundsätzlich bezweifeln, daß die Menschheit fähig ist, den Energiekörper der Erde auf positive Weise zu beeinflussen, so brauchen Sie nur um sich zu schauen und zu beobachten, wieviel Disharmonie im Verhältnis zum Ganzen diese kleine Menschheit verursacht hat. Doch das Potential zur Harmonie ist ebenfalls vorhanden. Und vielleicht können wir mit dem Wissen um die Winzigkeit der gesamten Menschheit auch das Vertrauen gewinnen, daß selbst eine kleine Gruppe von Menschen, die zum Wohl der Erde arbeitet, gravierende Veränderungen herbeiführen kann – insbesondere dann, wenn sie die universale Kraft der Kristalle nutzt.

Die Kirlianfotografie liefert uns heute Beweise für die Existenz unsichtbarer Energien verschiedenster Art. Ich selbst habe Kirlianfotografien von verschiedenen Kristallen aufgenommen, von denen in diesem Buch einige abgebildet sind. Die Interpretation dieser Aufnahmen ist allerdings noch nicht abgeschlossen. Es geht hier um die Grundfrage, was Energie überhaupt *ist*. Offen bleibt vorerst, was wir tatsächlich fotografieren. Es lassen sich aber dennoch ein paar eindeutige Tatsachen aus den Aufnahmen ablesen.

Die Fotografien verschiedener Kristalle sind allesamt verschieden. Jeder Kristall produziert bei gleichbleibenden Auf-

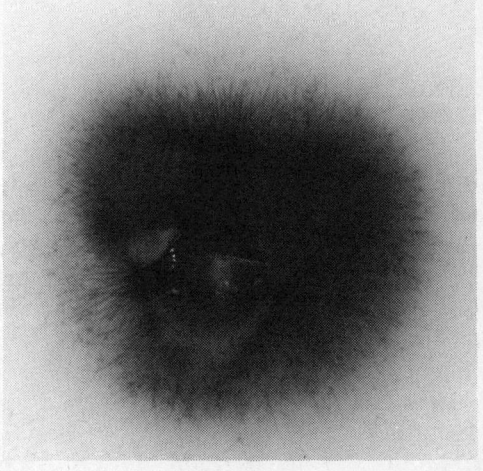

Abb. 123: Fluorit

nahmebedingungen auch bei mehrmaligem Fotografieren ein identisches Bild. Also sehen wir nicht nur Variationen des gleichen Themas.

Weiterhin weisen die abgebildeten Strukturen in sich erhebliche Unterschiede auf. Beispielsweise lassen die Fluoritkristalle (siehe Abb. 123 und 124) deutlich sichtbare, in Längsrichtung verlaufende Energiebalken erkennen, während der Bergkristall (siehe Abb. 126) fast keine Längsbalken zeigt und seine Energie weitgehend verteilt hat. Der Oktaeder der Fluoritkristalle (siehe Abb. 123 und 124) berührt nur mit einer Oberfläche das Papier (mit dem zentralen

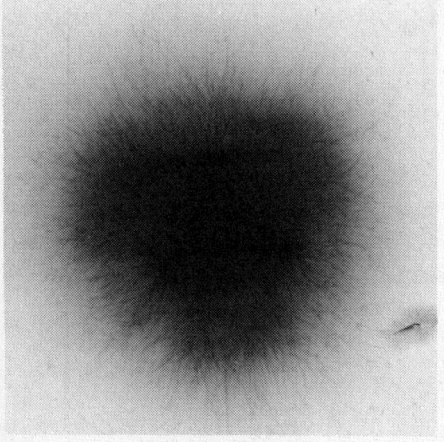

Abb. 124: Fluorit

Dreieck), doch haben auch die anderen drei Flächen auf der gleichen Seite des Oktaeders einen sehr klar erkennbaren Abdruck hinterlassen. Dies mag mit der Ionenbindung des Fluorits zusammenhängen, die einen Elektronenfluß längs der atomaren Ebenen ermöglicht, der direkt aus den Kristalloberflächen strömt.

Der Aquamarin in Abbildung 125 hat seine Energie zwar ziemlich verteilt, aber an einigen Stellen sind immer noch deutliche Längsbalken zu erkennen. Interessant ist hier der hellere »Schatten« um den Kristall, dessen genaue Bedeutung allerdings ungeklärt ist.

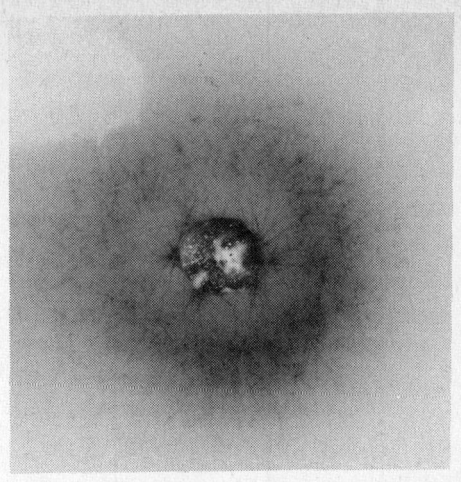

Abb. 125: Aquamarin, längs der C-Achse gesehen

Die gleiche Art von Schatten ist beim Bergkristall (siehe Abb. 126 und 127) erkennbar, doch fällt auf, daß beim Foto, das längs der C-Achse aufgenommen wurde, auf zwei Seiten des Kristalls keine Schattenbildung auftritt. Dagegen ist auf dem Foto, das waagerecht zur C-Achse aufgenommen wurde, der Schatten wieder um den ganzen Kristall herum zu sehen. Dies könnte mit Richtung und Stärke der atomaren

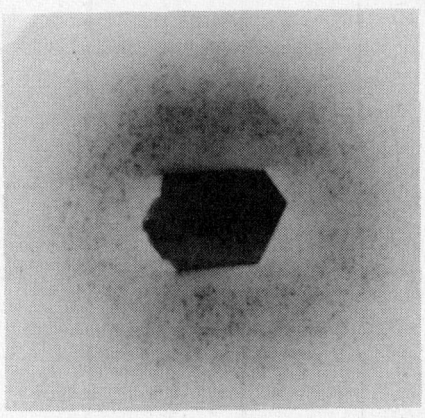

Abb. 126: Bergkristall, längs der C-Achse gesehen

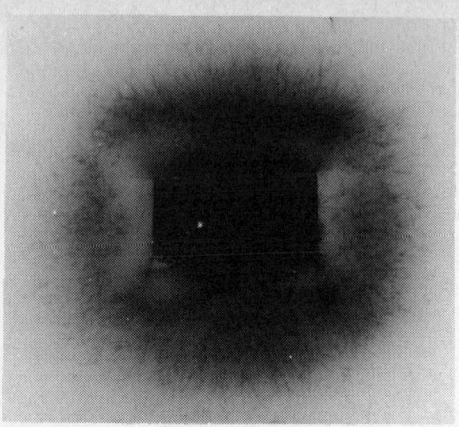

Abb. 127: Der gleiche Kristall wie in Abbildung 126,
jedoch waagerecht zur C-Achse fotografiert

Verbindung zusammenhängen. In den folgenden Kapiteln
werden wir uns damit beschäftigen, wie man die Kristallenergie nutzen kann. Vielleicht überzeugen diese Fotos auch den
Skeptiker zumindest davon, daß tatsächlich *etwas* geschieht.

8

Vom Umgang mit Kristallen

Die Beschaffung

Um Kristalle benutzen zu können, müssen wir sie uns zunächst einmal *beschaffen*. Nur die wenigsten werden Gelegenheit haben, Kristalle selbst zu suchen, obwohl das sehr viel Freude macht. Nicht überall auf der Welt gibt es gute Fundstellen. Sie würden allerdings staunen, wenn Sie wüßten, was in Ihrer Heimatregion alles zu finden ist. Sie können sich darüber im nächstgelegenen Heimatmuseum informieren, bei einer geologischen Gesellschaft oder im geologischen oder geographischen Institut der nächsten Universität. Vielleicht stoßen Sie auch irgendwo auf ein Handbuch für Sammler, das die umliegenden Fundstellen beschreibt. Solche Bücher sind oft bei Mineralienhändlern erhältlich. Interessante Literatur finden Sie ebenfalls in größeren Fachbuchhandlungen, in der Abteilung für Geologie und Mineralogie.

In manchen Ländern gibt es Klubs für Gesteins- und Mineraliensammler. Diese Klubs wissen meist viele gute Fundstellen zu nennen. Sie können sich über solche Klubs bei Mineralienhändlern erkundigen. In Australien, Neu-Seeland und in den USA sind solche Klubs sehr populär.

Vielleicht ist in der Region, in der Sie leben, früher Bergbau oder Gesteinsabbau betrieben worden. Wenn ja, so besteht die Möglichkeit, im Abfallgestein ehemaliger Gruben oder Steinbrüche Kristalle zu finden. Holen Sie aber in jedem Fall zunächst vom Landbesitzer oder vom Grubeneigentümer eine Erlaubnis ein, und denken Sie auch daran, daß solche Orte äußerst gefährlich sein können. Keinesfalls sollten Sie verlassene Bergstollen oder unterirdische Räume betreten, denn dort besteht oft Einsturzgefahr, und es kann zu Steinschlag kommen. Seien Sie beim Betreten eines solchen Geländes äußerst vorsichtig, denn Gesteinsspalten sind oft überwachsen und meist erst zu erkennen, wenn es schon zu spät ist. Sollten Sie Kinder mitnehmen, so achten Sie darauf, daß diese stets in Sichtweite bleiben (und in erreichbarer Nähe).

An solchen Orten sind sehr verschiedene und vielfältige Kristallarten zu finden, allerdings gibt es nicht in allen Gruben und Steinbrüchen wirklich lohnende Exemplare. Nehmen Sie einen kleinen Hammer und einen Meißel mit, damit Sie die Kristalle aus dem sie umgebenden Gestein lösen können, und vergessen Sie auch nicht, einen Behälter zum Transport Ihrer Schätze mitzunehmen. Verlassen Sie sich nicht auf Ihre Taschen – die sind schnell voll.

Achten Sie auf die vielen Varianten in der Erscheinungsform des Gesteins, insbesondere auf farbliche Unterschiede in Form gerader Linien oder Streifen. Oft deutet dies auf Gänge eines von der Umgebung abweichenden Minerals hin, die Kristalle enthalten können.

Strände und Flußbetten sind ebenfalls gute Fundstellen. Darin kann man die verschiedensten Arten von Gestein und Mineralien finden, die an solchen Orten meist vom Wasser abgeschliffen sind. Deshalb müssen sie als spirituelle Werkzeuge nicht notwendigerweise nutzlos sein. Auch hier wird Ihnen Ihre persönliche Sensibilität und Ihre Bewußtheit sagen, welche dieser Objekte mit Ihnen nach Hause kommen wollen.

Wenn Sie sich von diesem Buch angesprochen fühlen, so haben Sie möglicherweise schon große Mengen von Gestein auf allen nur verfügbaren Regalen liegen. Fängt man erst einmal an, sich mit den Mineralien anzufreunden, so scheint es meist, als ob sie allesamt mitgenommen werden wollen.

Die meisten Kristalle jedoch werden wohl gekauft. Daran ist nichts auszusetzen, denn Sie tauschen dabei lediglich die zum Gelderwerb aufgewendete Energie gegen die Energie ein, die der Kristall auf dem Weg zu Ihnen angesammelt hat. Ein Kristall, der um die halbe Welt gereist ist, enthält die Energie des Bergarbeiters, des Aufkäufers und des Importeurs sowie auch die der verschiedenen Formen des Transports, die ihn zum Mineralienkäufer gebracht haben. Auch beim Tausch gegen Geldenergie bleibt die für jeden Kristall charakteristische Balance erhalten.

Wo man Kristalle kaufen kann, erfahren Sie zunächst im Branchenverzeichnis Ihres örtlichen Telefonbuchs. Eventuell müssen Sie dazu unter verschiedenen Rubriken nachschlagen, so etwa: *Gesteinsläden, Mineralien für Sammler, Edelsteine und Zubehör, Mineralogen*. Viele der Geschäfte, die unter diesen Kategorien aufgeführt sind, bieten zwar selbst keine Kristalle zum Verkauf an, aber sie wissen wahrscheinlich, wo Sie sie bekommen können. Wenn Sie nicht in einer großen Stadt leben, so finden Sie vielleicht keine der genannten Kategorien im Branchenverzeichnis. In diesem Fall sollten Sie das Telefonbuch der nächsten größeren Stadt durchsuchen. Manchmal führen erst wiederholte Versuche zum Erfolg.

Kristalle gibt es oft im Versandhandel. Sie sollten aber möglichst an Ort und Stelle Ihre Wahl treffen. Im Grunde ist es ziemlich einfach zu entscheiden, ob ein Kristall der richtige für Sie ist. Nehmen Sie den, zu dem Sie sich hingezogen fühlen. Kümmern Sie sich nicht darum, ob Sie Stier oder Waage sind, oder ob irgendein Buch behauptet, Sie bräuchten unbedingt diesen oder jenen Stein. Sie sind ein einzigartiges Individuum, ebenso wie jeder Kristall. Diese Einzigartigkeit ist Teil sowohl Ihrer eigenen Feinstruktur wie auch der des Kristalls; deshalb können Sie diese Energien nur mit Hilfe Ihrer Intuition fühlen.

Viele Menschen glauben, nicht besonders intuitiv begabt zu sein, aber fast jeder von uns hat einmal die Erfahrung des »ersten Eindrucks« gemacht. Irgendetwas signalisiert uns, daß bei einem Menschen oder einem Ort etwas nicht stimmt. Er ist anders, als man uns sagte oder als er unserem Gefühl nach sein *sollte*. Später bestätigt sich fast immer, daß jener »erste Eindruck« richtig war. Dies ist nichts weiter als eine intuitive Eingebung – die unser »denkender« Verstand uns später auszureden versucht.

Viele haben wahrscheinlich ein gewisses Vertrauen in ihre eigenen intuitiven Fähigkeiten. Wer es noch nicht hat, dem möchte ich an dieser Stelle eine Übung vorschlagen. Man könnte sie die »Methode des ersten Eindrucks« nennen. Sie ist sehr einfach.

Stellen Sie sich vor eine Gruppe von Kristallen, schließen Sie die Augen und entspannen Sie sich. Dann öffnen Sie die Augen schnell wieder und greifen nach dem ersten Kristall, auf den Ihr Blick fällt! Dieser Kristall ist fast immer der, der in diesem Augenblick für Sie notwendig ist. Dabei erkennt die Intuition blitzschnell das geeignete Objekt, bevor der Verstand reagieren kann.

Suchen Sie Kristalle für einen ganz bestimmten Zweck, beispielsweise zum Heilen oder für die Meditation, so konzentrieren Sie sich auf diesen Zweck oder projizieren Sie ihn sogar auf die Kristalle, und warten Sie ab, welcher darauf antwortet oder zu welchem Sie sich hingezogen fühlen. Einige Menschen verspüren tatsächlich eine energetische Reaktion von einem bestimmten Kristall, etwa in Form eines Lichtblitzes, einer Schwingung, oder sie spüren gar, daß der Kristall hüpft und »Ich! – Ich!« ruft.

Manchmal kann ein Interessent seine Kristalle nicht persönlich auswählen, oder Sie werden gebeten, einen Kristall für jemand anderen auszusuchen – oder Sie selbst wollen dies. Dagegen ist nichts einzuwenden, solange Sie intuitiv wählen. Am besten visualisieren Sie hierzu den künftigen Besitzer, projizieren diese Visualisation auf die zur Auswahl stehenden Kristalle und beobachten dann, welcher reagiert.

Vielleicht fühlen Sie sich gelegentlich von einem bestimmten Kristall angezogen, ohne zu wissen, warum. Es könnte sein, daß dieser Kristall erst in der Zukunft für Sie bestimmt ist, und dies ist die einzige Gelegenheit für Sie, ihm zu begegnen; wenn Sie ihn dann wirklich brauchen, wäre er vielleicht gar nicht mehr erreichbar für Sie. Oder der Kristall ist für jemand anderen bestimmt, dem Sie selbst noch gar nicht begegnet sind, und nur Sie haben die Möglichkeit, ihn für den Betreffenden zu erwerben. Auch hier sollten Sie sich nach Ihrer Intuition richten.

Wenn man Ihnen einen Kristall gibt oder wenn Sie nicht sicher sind, weshalb ein bestimmter Kristall zu Ihnen gekommen ist (oder Sie zu ihm), so können Sie die Antwort möglicherweise durch Meditation erfahren. Doch davon später.

Vielleicht fühlen Sie sich eines Tages einmal versucht, einen anderen Menschen einen Kristall für sich auswählen zu lassen, jemanden, der mutmaßlich besser darüber »Bescheid weiß« als Sie selbst. Machen Sie es sich zur Regel, *immer* selbst zu wählen. Wählt ein anderer für Sie, so hat er Ihnen damit eine Chance genommen, Ihre Bewußtheit und Ihre Intuition zu entwickeln. Ihr eigenes Gespür oder Ihr inneres Gefühl sind für Sie selbst *immer* zutreffender als die eines anderen Menschen.

Noch ein letzter Punkt: Im internationalen Zeitschriftenhandel gibt es einige Magazine, die sich ausschließlich an den Mineraliensammler wenden. Zwei davon sind *The Lapidary Journal* und *Gems and Minerals*. In Deutschland gibt es die Zeitschriften *Lapis, Kosmos (Mineralienbörse)* und *Emser Hefte*. Dort finden Sie viele Verkaufsanzeigen und Informationen über Sammelstellen von Kristallen.

Schutz des Kristalls

Vor dem Benutzen sollte man Kristalle *weihen* oder *schützen*.

Kristallenergien gegen Mißbrauch zu schützen, ist äußerst wichtig und wird in Zukunft sogar noch wichtiger werden. Die Kräfte der Kristalle können sowohl das Werk der Dunkelheit wie auch das des Lichts fördern. Deshalb sollten wir alle Kristalle, mit denen wir in Kontakt kommen, gegen vorsätzlichen Mißbrauch schützen. Da Kristalle auf Willensenergie reagieren, genügt es, den Kristall einfach in die Hand zu nehmen und seinen Willen darauf zu konzentrieren, daß er zu keinerlei niederem Zweck benutzt wird. Kristalle können sogar so programmiert werden, daß der Schutz von niemandem entfernt werden kann – nicht einmal vom Benutzer selbst! Dies ist besonders wichtig bei Kristallen, die von Gruppen benutzt werden. Vielleicht ist es notwendig, innerhalb der Gruppe ein Mitglied fest mit der Aufrechterhaltung des Schutzes zu betrauen.

Reinigung

Da Kristalle hauptsächlich beim Umgang mit feinstofflichen Energien benutzt werden und da diese Energien auf die materielle Substanz der Kristalle einwirken, müssen sie gelegentlich von allen unerwünschten Energien gereinigt werden. Beginnen Sie damit gleich nach dem Erwerb des Kristalls, denn im allgemeinen werden Sie kaum wissen, wer mit ihm in Berührung gekommen ist oder welchen Energien er ausgesetzt war, bevor er in Ihre Hände gelangte. Eine gewisse Menge von feinstofflicher Energie war schon von Anfang an in Ihren Kristall einprogrammiert. Diese stammt aus der natürlichen Umgebung, in der er gewachsen ist. Mit einiger Erfahrung im Unterscheiden von Energien werden Sie spüren, ob beispielsweise ein Quarzkristall aus Arkansas in den USA oder aus Brasilien stammt. Im einen Fall werden Sie eine sehr klare und hoch schwingende Energie wahrnehmen, im anderen hingegen eine wesentlich diffusere und weniger intensive. Wenn Sie einen Kristall auswählen, registriert Ihre Intuition die energetischen Unterschiede im ursprünglichen Wachstumsmilieu, so daß Sie immer genau den Kristall erhalten, der in einer Umgebung gewachsen ist, die sich zur Harmonisierung Ihrer eigenen Energie eignet.

Bei der Reinigung eines neuerworbenen Kristalls sollen alle natürlichen Energien erhalten bleiben und alle übrigen Energien, die der Kristall angesammelt hat, entfernt werden. Da Kristalle auf die Absichten ihrer Benutzer reagieren, genügt es, sich darauf zu konzentrieren, daß die natürlichen Energien erhalten bleiben. In einem späteren Abschnitt wird besprochen, was Sie tun müssen, wenn Sie bestimmte Energien im Kristall konzentrieren und dort erhalten wollen.

Die eigentliche Technik des Reinigens handhabt jeder Mensch anders. Sie werden durch Experimentieren die Technik finden, die für Sie persönlich am geeignetsten ist. Verschiedene Techniken haben sich als effektiv erwiesen.

Zunächst einmal können Sie die Kristalle einfach unter fließendem Wasser waschen. Wasser ist ein universelles Reinigungsmittel und sehr wirksam zur Reinigung von Energien, die bei materiellen Körpern unerwünscht sind, gleich, ob es sich dabei um den Körper eines Menschen oder den eines Kristalls handelt. Viele Leser werden wissen, daß Salzwasser sich reinigend auf die menschliche Aura auswirkt. Einen ähnlichen Effekt kann man auch bei der »Aura« eines Kristalls beobachten. Benutzen Sie jedoch niemals heißes Wasser zur Reinigung Ihres Kristalls, da dieser dadurch zerbrechen könnte, nehmen Sie nur handwarmes oder kaltes Wasser. Sie werden bald merken, daß sich Kristalle sogar bei Raumtemperatur kühl anfühlen. Die Temperatur des verwendeten Wassers sollte Ihrer eigenen Körpertemperatur entsprechen. Halten Sie, während Sie den Kristall waschen, diesen in der Hand, und richten Sie Ihren Willen darauf, damit alle Energien, die im betreffenden Kristall unerwünscht sind, weggewaschen werden und nur die erwünschten Energien zurückbleiben. Außerdem sollten Sie die Elementarwesen des Wassers bitten, diese negativen Energien anzunehmen und sie in positive Energien umzuwandeln. Und vergessen Sie nicht, ihnen dafür zu danken.

Sonnenlicht ist ein guter Reiniger. Lassen Sie deshalb wenn möglich Ihre Kristalle eine Weile in der Sonne liegen. Auch dies soll alle negativen Energien entfernen und sie in positive umwandeln. Ein paar Stunden genügen, doch lassen Sie sich auch hierbei von Ihrem eigenen Gefühl leiten.

Manchmal wird geraten, Kristalle in Eukalyptusöl oder in reinem Alkohol zu waschen oder über sie in einer bestimmten Weise zu atmen. Im Grunde ist es gleich, welche Methode Sie anwenden. In jedem Fall ist die Absicht, den Kristall zu reinigen, ausschlaggebend, denn darauf reagiert er.

Ebenso wirksam ist die Methode der Visualisation. Dabei hält man den Kristall mit beiden Händen und stellt sich vor, daß positive Energie durch den Kristall fließt und alle negativen oder unerwünschten Energien wegschwemmt. Besonders wirksam ist es, sich einen Strom völlig klaren und reinen Bergquellwassers vorzustellen, der durch den Kristall fließt, alles Unreine wegwäscht und es gleichzeitig in positive Energie wie Licht oder Liebe umwandelt. Bei dieser Methode erhalten Sie zusätzliche Hilfe von den Elementarenergien des Wassers, die Sie durch die Visualisation anrufen.

Durch die Reinigung werden nicht nur die unerwünschten Energien aus dem Kristall entfernt, sondern außerdem werden sie auch in andere, positivere Energien transformiert. Niemals sollten bei der Reinigung entfernte negative Energien achtlos über die Erde verstreut werden. Wenn sie nicht transformiert werden, so werden sie an einem anderen Ort einem anderen Menschen zum Problem. Das wichtigste Ziel aller, die für die Verbreitung des Lichts arbeiten, ist die Reinigung der Erde von jeglicher Negativität. Deshalb ist es sinnlos, Negativität lediglich an einen anderen Ort zu verlagern.

Wenn wir Kristalle programmiert haben – das heißt, Gedanken und Energien in Kristalle projiziert haben, die darin bleiben sollen, wollen wir diese natürlich bei der Reinigung des Kristalls nicht entfernen. Wir müssen also während des Reinigungsprozesses die Absicht verfolgen, daß Programmierungen, die von uns selbst stammen, aufrechterhalten bleiben. Wie oft man Kristalle reinigen sollte, hängt weitgehend von der Intuition des Benutzers und von ihrem Verwendungszweck ab. Kristalle, die intensiv benutzt werden, etwa bei der täglichen Arbeit eines Heilers, sollten regelmäßig gereinigt werden, am besten jeden Morgen vor der ersten Behandlung. Das verhindert, daß über Nacht angesammelte Energien und die Energien vorheriger Patienten auf die nachfolgenden übertragen werden. Sie können Ihren Kristall auch mit einem Selbstreinigungsprogramm versehen; dann befreit er sich automatisch von negativen Energien, sobald sich solche ansammeln. Durch Experimentieren werden Sie die für Sie persönlich beste Methode finden.

Gewisse Kristalle, wie etwa Amethyste, scheinen von Natur aus negative Energien aus der Luft anzuziehen. Deshalb besorgen sich viele spirituelle Gruppen für ihren gemeinsamen Meditationsraum einen großen Amethyst. Diese Kristalle sind sozusagen »spirituelle Raumauffrischer«.

Programmierung des Kristalls

Beim Programmieren eines Kristalls werden seine Elementarwesen instruiert, wie sie ihre Fähigkeit, Energie zu transformieren, auszugleichen und zu harmonisieren, einsetzen sollen. Der Vorgang ähnelt durchaus dem Programmieren eines Computers, denn wenn Sie dem Elementarwesen keine präzisen Instruktionen erteilen, wird das Ergebnis unbefriedigend ausfallen. Ein angenehmer »Nebeneffekt« für den Kristallbenutzer ist dabei, daß er beim Umgang mit Kristallen, was seine eigenen Energien angeht, auch selbst »kristallklar« werden muß.

Schon die Auswahl eines Kristalls für einen bestimmten Zweck ist die einfachste Form des Programmierens. Insbesondere bei Kristallen zum persönlichen Gebrauch ist eine bewußte Programmierung oft gar nicht erforderlich. Ein solcher Kristall wird während des Gebrauchs »programmiert«, und es ist gar nicht wünschenswert, daß er seine Programmierung dauerhaft behält. Der Kristall wird unbewußt durch die Energie des Benutzers programmiert.

Sollen Kristalle zu einem bestimmten Zweck verwendet werden, wie etwa zum Heilen oder zur Meditation, so ist eine bewußte Programmierung nützlich, da der Kristall in diesen Fällen sein Programm aufrechterhalten soll. Dazu braucht man nur den gewünschten Gedanken in den Kristall zu lenken und seinen Energien aufzutragen, den Gedanken oder die Absicht in sich zu speichern. Man nimmt dazu den Kristall am besten in die Hand, da es ihm hilft, sich auf die mundanen Energien der elektrischen »Aura« wie auch auf das höchste spirituelle Bewußtsein einzustimmen. Die Gesetze des Geistes verhindern, daß der Benutzer durch seinen Kristall höhere Ebenen spiritueller Energie kontaktiert, mit denen er nicht umgehen könnte. So ist er weitgehend davor geschützt, spirituelle Türen zu öffnen, die zu öffnen er nicht bereit ist. Sie tun jedoch gut daran, sich beim Programmieren Ihres Kristalls stets zu vergegenwärtigen, daß Sie keine Energien anziehen wollen, mit denen Sie nicht umgehen können. Trotzdem können Sie die Tür immer ein wenig offen lassen für höhere Energieebenen, die sich Ihnen mit dem Wachsen Ihres persönlichen Bewußtseins durch den Kristall öffnen könnten.

Bevor wir uns dem Gebrauch der Kristalle zuwenden, sind noch einige weitere Punkte zu erwähnen. Viele Kristallbenutzer haben das Gefühl, daß persönliche Kristalle – also Kristalle, die nur von ihrem Besitzer benutzt werden – am besten vor den Blicken anderer Menschen verborgen werden und erst recht nicht von anderen berührt werden sollten. Dies soll verhindern, daß die große Menge persönlicher Energie, die mit solch einem Kristall verbunden ist, sich zerstreut. Persönliche Kristalle bewahrt man, wenn sie nicht benutzt werden, oft gerne an einem dunklen Ort auf, etwa in einem Beutel aus schwarzem, blauem oder violettem Samt.

Hingegen sollten Kristalle, die beispielsweise als Heilkristalle dienen oder anderweitig mit den Energien anderer Menschen in Berührung kommen, offen herumliegen, so daß jeder sie anfassen kann. Lassen Sie Ihre Intuition entscheiden, wie Sie Ihre Kristalle aufbewahren.

Einige Kristalle scheinen sich in der Nähe bestimmter anderer Kristalle besonders wohlzufühlen. Wahrscheinlich ergänzen sich ihre natürlichen Energien. Daher fühlen sich einige Kristalle gut, wenn sie nebeneinander liegen, andere hingegen nicht. Das sagt jedoch nicht das Geringste über die Qualität der Kristalle selbst aus – es ist einfach so, wie es ist.

Wenn man einen Kristall benutzt, so weist die Spitze zwangsläufig in die eine oder andere Richtung. Manche Lehrer sagen, es sei wichtig, daß die Spitze in diese oder jene Richtung zeige. Ich selbst bin auf Grund meiner während vieler Workshops gesammelten Erfahrungen der Meinung, daß man keine bestimmte Regel aufstellen kann. Es gibt offenbar das Phänomen, daß sich Kristalle in einer bestimmten Position in der Hand natürlich anfühlen. Das Wann und Wie ist allerdings von Mensch zu Mensch zu verschieden, als daß man daraus eine allgemeine Regel ableiten könnte. Halten Sie also Ihren Kristall so, wie es Ihnen persönlich richtig erscheint.

Mit der Kristallenergie in Kontakt treten

Dieser Abschnitt will nicht etwa eine vollständige Liste von Techniken und Anwendungen liefern, aus der man sich das Passende auswählen kann, sondern lediglich ein paar der

Möglichkeiten aufzeigen – als Hilfe zum Entwickeln eigener Techniken. Das Heilen ist einer der Hauptanwendungsbereiche für Kristalle. Damit werden wir uns später befassen.

Unsere Arbeit mit Kristallen ist eng verbunden mit dem Prozeß unseres spirituellen Erwachens. Während dieses Prozesses steigt unsere persönliche Energie allmählich von der dichtesten materiellen durch das gesamte Spektrum bis zur höchsten spirituellen Ebene auf. Schritt für Schritt schreiten wir in diesem Prozeß des Erwachens fort, und unsere gesamte Energiestruktur (oder ihre Schwingungen) erfährt eine tiefgreifende Veränderung.

Während wir spirituell bewußter und wacher werden und sich unsere persönlichen Schwingungen verändern, treten verschiedenartige Kristalle in unser Leben, die den jeweiligen Schwingungen entsprechen und sie harmonisieren. Ein Kristall ist ein Ausdruck des universalen Bewußtseins. Wenn daher ein bestimmter Kristall, der ebenfalls Teil des universalen Bewußtseins ist, mit unserer persönlichen Energie korrespondiert und im Gleichklang steht, können wir mit seiner Hilfe in unserem eigenen Bewußtwerdungsprozeß eine Tür durchschreiten und mit dem universalen Geist in Kontakt treten. Manchmal »gehört« uns ein Kristall nur für eine bestimmte Zeitspanne. Betrachten Sie daher Kristalle als spirituelle Werkzeuge, niemals als Besitz. Wenn für Sie die Arbeit mit einem bestimmten Werkzeug beendet ist, so legen Sie es nieder und nehmen ein anderes, geeigneteres zur Hand. Legen Sie das alte Werkzeug aber nicht achtlos beiseite, sondern geben Sie es jemandem, der es braucht. Wenn Sie selbst einen bestimmten Kristall nicht mehr brauchen, so wird das universale Bewußtsein mit absoluter Sicherheit einen anderen Menschen in Ihre Nähe führen, der dieses Werkzeugs bedarf. Ihre Sache ist es, dies zu erkennen und den Kristall dem, der ihn braucht, auf angemessene Weise weiterzugeben. Auch der Verkauf eines Kristalls kann angemessen sein. Die Struktur des Universums beruht auf dem Austausch von Energien, und Geld ist sicherlich eine starke Form von Energie. Geld kann aber auch völlig unangemessen sein. Wenn Sie sensibel genug sind, um zu merken, daß

Sie einem bestimmten Kristall entwachsen sind, werden Sie auch wissen, wie Sie den Kristall am besten an seinen nächsten Benutzer weitergeben sollten.

Alle Suchenden werden mit der Zeit herausfinden, daß Kristalle, die zusammen mit den verschiedensten Methoden der Bewußtseinserweiterung benutzt werden, die Funktion haben, die Energien zu konzentrieren.

Ein Kristall ist ein vollkommener Ausdruck des göttlichen Geistes. Er kann nicht wachsen ohne ein Wachstumsprogramm, und dieses Programm ist Teil des göttlichen Geistes. Wenn Sie sich auf die Energie des Kristalls einstimmen, stimmen Sie sich damit auf einen sehr präzisen Aspekt des göttlichen Geistes ein. Da Kristalle den Kontakt zum göttlichen Wesen auf einem hohen Niveau herstellen, können Sie mit ihrer Hilfe bei der Meditation immer höhere Ebenen erreichen und schließlich das Göttliche in Ihrem eigenen Inneren entdecken. Es mag Ihnen so erscheinen, als habe der Kristall Ihre eigenen Energien verstärkt, doch in Wahrheit hat er sie nur konzentriert.

Der erste Kontakt mit Kristallenergien entsteht durch Meditation. Sie kann einen tiefen Einblick in das Reich der Mineralien geben, und man kann auf diese Weise sogar eine Menge über die Natur der Materie selbst erfahren. Für jeden spirituellen Menschen, der ernsthaft daran arbeitet, das Geistige in die Welt des Materiellen hineinzutragen, ist Meditation eine Methode zur Erschließung der höheren Intelligenz der Kristalle und der Materie im allgemeinen. Mit ihrer Hilfe kann er seine eigene Rolle bei der Transformation der Welt erkennen und mit dem Elementarwesen oder dem Deva des betreffenden Kristalls Kontakt aufnehmen.

Bei solchen Kontakten ist jedoch Vorsicht geboten. Das Elementarwesen einer bestimmten Substanz oder eines Objekts verkörpert ausschließlich die Interessen des jeweiligen Objekts, und es spricht und handelt folglich nur von dessen Standpunkt aus. Ihre Aufgabe als Mitschöpfer des Universums besteht darin, sicherzustellen, daß alles, was in Folge eines solchen devischen Kontaktes geschieht, in Harmonie mit der ganzen Erde geschieht. Das erfordert vom Kristallbenutzer ein großes Einfühlungsvermögen.

Meditieren Sie zunächst über den Kristall, anstatt zu versuchen, *in* ihn einzudringen. Je inniger Ihre Verbindung zur Energiestruktur des Kristalls wird, um so enger wird der Kontakt mit der entsprechenden Elementarenergie und um so schwieriger wird es, die empfangene Information von einem unabhängigen Standpunkt aus zu würdigen. Lassen Sie sich während einer solchen Meditation stets von Ihrem eigenen inneren Sinn für »richtig« und »falsch« leiten.

Auch bei anderen Formen der Meditation kann man Kristalle als Hilfe benutzen. Kristalle gewisser Mineralien scheinen eine sehr beruhigende Wirkung auszuüben. In Workshops, in denen die Sensibilität gegenüber Kristallen geübt wird, empfinden beispielsweise erstaunlich viele Teilnehmer die Wirkung des Minerals Aquamarin als sehr beruhigend. Eine kleinere Gruppe spürt eine ebensolche beruhigende Wirkung bei anderen Mineralien. Auch hier ist es also wieder völlig Ihrer Intuition überlassen, welcher Kristall für Sie persönlich geeignet ist.

Die Meditationstechnik kann in nichts anderem bestehen, als einen Kristall oder mehrere Kristalle verschiedener Mineralien in den Händen zu halten. Oder Sie legen ihn vor sich auf den Boden oder auf einen kleinen Tisch, so daß Sie während der Meditation Ihre Aufmerksamkeit auf ihn richten können.

Ein Kristall, der zur Meditation benutzt wird, reagiert seiner Natur entsprechend auf die Absicht des Benutzers, und die von ihm erzeugte Energie und die der Meditation ergänzen sich gegenseitig.

Man kann auch eine Anzahl von Kristallen kreisförmig auf dem Boden anordnen. Der Meditierende setzt sich dann in das Zentrum des Kreises. Welche Kristalle verwendet werden, liegt im Ermessen jedes einzelnen, man kann Kristalle vom gleichen oder von verschiedenen Mineralien auswählen. Der Kristallkreis kann auch dazu benutzt werden, einen weiteren Kristall zu »laden«. Dazu legt man diesen in das Zentrum des Kreises.

Mit einem neuerworbenen Kristall sollten Sie vor allem dann meditieren, wenn Sie sich nicht darüber im klaren sind, warum er zu Ihnen gekommen ist. Befragen Sie während dieser Meditation den Kristall, ob sein künftiger Verwendungszweck sich in Harmonie mit seinem Wesen befindet, und fragen Sie ihn auch, wozu er gerne benutzt werden möchte. Die Antwort kann ein intuitives Gefühl sein, eine Vision oder vielleicht sogar das Gefühl einer »verbalen« Antwort. Seien Sie einfach offen für das, was sich Ihnen offenbart.

Aber wie kann ein lebloses Objekt zu uns sprechen? Wie schon erwähnt, nehmen wir mit der lebendigen Intelligenz hinter der materiellen Form des Kristalls Kontakt auf.

Gruppenmeditationen können ebenfalls mit Hilfe von Kristallen verstärkt werden. Am besten sitzt die Gruppe in einem Kreis. Kristalle können dabei auf verschiedene Weise eingesetzt werden. Viele Gruppen benutzen einen großen Kristall im Zentrum des Kreises als Konzentrationspunkt für die Gruppenenergie. Auch kann jedes Gruppenmitglied seinen eigenen Kristall mitbringen und ihn während der Meditation in Händen halten.

Man sollte in jedem Fall zunächst über die beabsichtigte Verwendung von Kristallen sprechen und den Teilnehmern den Sinn dieser Verwendung klarmachen, insbesondere, wenn ein einzelner großer Kristall verwendet werden soll. Dann wird die Energie der Intention, die auf den Kristall gerichtet wurde, so klar und präzise wie möglich konzentriert. Wenn jedes Gruppenmitglied andere Gedanken und Absichten hat, neutralisieren diese Energien einander in vielen Fällen. Ein Kristall, der innerhalb einer Gruppe für einen *beliebigen* Zweck verwendet wird, sollte unbedingt vor bewußtem oder unbewußtem Mißbrauch geschützt werden. Viele Gruppen beauftragen ein bestimmtes Mitglied damit, als »Wächter« des Kristalls zu fungieren und für die Reinigung und den Schutz des Kristalls verantwortlich zu sein. Manchmal übernimmt ein Gruppenmitglied auch von sich aus diese Aufgabe. Ferner sollte bei den in Gruppen verwendeten Kristallen von Zeit zu Zeit die Schutzprogrammierung erneuert werden. Wenn ein Gruppenmitglied unerkannt die Energien des Kristalls und der Gruppe auf entschiedene Weise absichtlich mißbraucht, können die positiven Energien leicht gestört oder zerstreut werden. Bei einer gut eingestimmten Gruppe, die für ein hohes Ziel arbeitet, ist diese Gefahr jedoch ziemlich gering. Dennoch sollte man dies immer in Betracht ziehen.

Viele Menschen meditieren heute in Pyramiden. Ein Kristall, der entweder an der Spitze einer solchen Pyramide oder an den energetischen Konzentrationspunkten plaziert wird, kann mächtige Kräfte entwickeln. Diese Technik ist allerdings Anfängern nicht zu empfehlen. Wenn sich die Energie des Kristalls mit der Energie der Pyramide verbindet, erfordert deren sachgemäße Kontrolle ein hohes Maß an bewußter Einstimmung und an Klarheit über die eigenen Absichten. Dies ist sicherlich nicht der rechte Ort für unbewußtes Experimentieren.

Kristalle sind besonders empfänglich gegenüber Musik – Klangwellen, die durch Kompression von Luft (mechanische Energie) erzeugt werden. Im 7. Kapitel haben wir bereits erfahren, daß durch Kompression eines Kristalls Energie erzeugt wird. Diese Energie ist schwach, aber der intuitive Geist ist sich dieser Energieebenen besonders bewußt. Oft kann man erstaunliche Wirkungen erzielen, indem man während der Meditation mit Musik einen Kristall in Händen hält. Eventuell werden Sie dabei die Musik in Farben und Formen »sehen« können. Selbst wenn Sie der Musik einfach nur zuhören und sich nicht einmal in einem meditativen Zustand befinden, werden Sie feststellen, daß das Musikerlebnis durch die Präsenz des Kristalls erheblich verstärkt wird. Wird harmonische Musik in Gegenwart eines Kristalls gespielt, so prägt sich die Intention des Komponisten in die Kristallstruktur ein. Wenn Sie diesem Kristall später in einem meditativen Zustand »zuhören«, werden Sie oft die ätherische Botschaft der gehörten Musik erfassen. Sind Sie zufällig ein Sänger, so sollten Sie einmal versuchen, zu Ihrem Kristall zu singen, und dann abwarten, was geschieht. Wenn Sie ein Klavier besitzen, so spielen Sie einzelne Töne zu einem Kristall und beobachten Sie seine unterschiedlichen Reaktionen.

Manifestationen sind ein weiterer Bereich spiritueller Praxis, bei der man von der zusätzlichen Verwendung von Kristallen profitieren kann. In diesem Bereich ist die Grenze allerdings sehr fein, ob Sie dem Universum dabei helfen, Ihnen das zu geben, was Sie wirklich brauchen, oder ob Sie ihm abzwingen, was Sie haben wollen. Unerfüllte Wünsche zählen zu den wirklichen Quellen des Unglücks. Wenn Sie etwas stark wünschen und nicht in der Lage sind, es sich in diesem Leben zu beschaffen, verstricken Sie sich in immer neue Leben, bis Ihr Wunsch endlich in Erfüllung geht.

Ein echtes Bedürfnis wird andererseits immer erfüllt, solange Sie es nicht durch zuviel »Wollen« blockieren. Das, was Ihnen hilft, Ihren persönlichen Lebensplan in Ihrer gegenwärtigen Inkarnation zu erfüllen, ist das, was Sie wirklich brauchen. Nun könnte man fragen: »Wenn es sich um ein wirkliches Bedürfnis handelt, wird es dann nicht ohnehin von selbst erfüllt?«

Eine treffende Antwort auf diese Frage gibt das alte Sprichwort: »Gott füttert zwar alle Spatzen, aber er wirft ihnen keine Würmer ins Nest«. Ihre Bedürfnisse werden zwar immer erfüllt, aber es kann sein, daß Sie sehr viel dafür tun müssen!

Der Wille, die eigenen Bedürfnisse zu erfüllen, setzt auf verschiedenen spirituellen Ebenen Ereignisse in Bewegung, und auf diesen Energieebenen können sich Kristalle positiv auswirken. Wenn Sie Ihre Willensenergie oder Ihre Absicht, das an sich zu ziehen, was Sie zur Erfüllung Ihres Lebensplans brauchen, durch einen Kristall lenken, können Sie eine Energie erzeugen, die zur Erfüllung des betreffenden Bedürfnisses führt. Das Aussenden jener Energie auf eine höhere Ebene und die direkte Verbindung der materiellen Ebene (des Kristalls) mit den höheren Ebenen kann dort eine stärkere oder positivere Reaktion erzeugen.

Kristalle können auch im Zusammenhang mit Pflanzen verwendet werden. Wenn Sie beispielsweise Probleme im Garten haben, so können Sie ein perfektes Abbild des Gartens in den Kristall projizieren und diesen Kristall dann an eine geeignete Stelle im Garten legen oder ihn dort vergraben. Lassen Sie Ihre Intuition entscheiden, wo der Kristall liegen und in welche Richtung er ausgerichtet sein möchte. Haben Sie eine kranke Pflanze im Garten oder im Haus, so füllen Sie den Kristall mit heilender Energie und plazieren

Sie ihn in der Nähe der Pflanze. Sie können den Kristall auch mit den Vitalenergien des Pflanzenwachstums programmieren und ihn im Frühling gemeinsam mit der Saat vergraben.

Man kann einen Kristall auch so programmieren, daß er schädliche Chemikalien in denaturierten Nahrungsmitteln neutralisiert. In diesem Fall wirken Sie auf die molekularen Verbindungen ein, die die schädlichen Substanzen erzeugen. Vergessen Sie aber nicht, diese schädlichen Substanzen in nützliche umzuwandeln.

Noch weitgehend unerforscht ist die Verwendung von Kristallen bei einer bestimmten Methode des Getreideanbaus, die *Genesics* genannt wird. Dabei pflanzt man das Getreide in Kreisen aus statt, wie sonst üblich, in Reihen. Die Methode hat sich beim Anbau aller Arten von Getreide als sehr wirkungsvoll erwiesen. Durch den kreisförmigen Anbau wird die natürliche Energie der Pflanzen in kontinuierlichem Fluß gehalten, am Ende von Reihen hingegen zerstreut sie sich. Die so erzielten Resultate sind äußerst eindrucksvoll. Der Ernteertrag pro Hektar liegt wesentlich höher als beim Anbau in geraden Reihen. Auch in Gemüsegärten kann man die Pflanzen konzentrisch anbauen, die gut miteinander harmonieren. In einen genesischen Garten gehört auch ein großer »Kristall«, eine sphärische Konstruktion aus Metallröhren, die den Proportionen der neubefruchteten menschlichen Eizelle nachgebildet ist. Diese »Kristalle« haben gewöhnlich einen Durchmesser von etwa zwei Metern, und sie werden in ein bestimmtes energetisches Zentrum der kreisförmigen Pflanzung gestellt. Es würde zu weit führen, die Konstruktion hier ausführlich zu behandeln, aber man kann bei derartigen Pflanzungen auch natürliche Kristalle verwenden.

Es wird geraten, in das Zentrum jedes genesischen Kreises bestimmte Arten von natürlichen Kristallen zu legen. Entsprechende Experimente finden zur Zeit statt. Der Durchmesser eines solchen Kreises beträgt selten mehr als vier Meter; meist ist er kleiner. Schon ein relativ kleiner Kristall, der in den Energiemittelpunkt jedes solchen Kreises gelegt wird, kann sehr wirksam sein, insbesondere dann, wenn er mit der Absicht programmiert wurde, das Wachstum der

Pflanzen zu unterstützen. Der Gärtner muß sich auf die einzelnen genesischen Kreise einstimmen und schauen, welcher Kristall mit den jeweiligen Pflanzen harmoniert.

Ist ein Kristall einmal für einen bestimmten Zweck programmiert worden, so ist es besser, ihn nicht mehr für andere Zwecke zu verwenden. Wenn Sie beispielsweise einen Kristall zum Heilen benutzen, sollten Sie ihn nicht bei der Meditation oder bei Manifestationen verwenden. Manchmal löscht eine anderweitige Verwendung buchstäblich das ursprüngliche Programm. *Wenn* Sie allerdings einen zu einem bestimmten Zweck programmierten Kristall für etwas anderes verwenden, so müssen Sie unbedingt vor der Benutzung den Gedanken in ihn hineinprojizieren, daß er das ursprüngliche Programm aufrechterhalten soll.

Ein warnendes Beispiel hierfür ist ein Londoner Homöopath, der einen Kristall in Verbindung mit einem Kristallpendel als Speicher für homöopathische Information und Intuition benutzte. Eines Tages beschloß er, mit Hilfe seines »homöopathischen« Kristalls bei seiner persönlichen Meditation höhere spirituelle Ebenen zu kontaktieren. Der Kristall war tatsächlich recht hilfreich dabei und nahm die entsprechende Programmierung auf. Als der Betreffende jedoch am nächsten Tag versuchte, den Kristall wieder bei seiner homöopathischen Arbeit zu verwenden, mußte er feststellen, daß die vorherige homöopathische Programmierung vollständig gelöscht war!

Sie sehen also, die Verwendung von Kristallen erfordert eine wichtige Qualität: *Klarheit der Absichten.* Je mehr Sie Ihre Kristalle benutzen, um so mehr werden Sie folgendes erkennen: Wenn Sie sich vorher noch nicht über Ihre Absichten im klaren waren, so sind Sie es hinterher bestimmt!

Oft werden Kristalle als Amulette und Talismane getragen. Auch hierbei wird der Kristall zu einem bestimmten Zweck programmiert. Diese Programmierung wurde in früheren Zeiten oft vom Hersteller des Amuletts durchgeführt. Bei einem Amulett, das der Göttin Astarte geweiht war, pflegte dieser beispielsweise während der Herstellung des Amuletts das Bild der Göttin und ihrer Eigenschaften zu visualisieren.

Ein weiterer Anwendungsbereich für Kristalle fällt eher in den Bereich der »Präventivmedizin« als in den des Heilens. Gemeint ist der Schutz vor Angriffen aus dem Bereich des Übersinnlichen. In zahlreichen Büchern werden Schutzmethoden gegen diese Angriffe beschrieben, doch dieses Thema überschreitet die Grenzen dieses Buches. Hier sei nur erwähnt, daß Kristalle sehr effektiv an Stelle von oder in Verbindung mit anderen Selbstverteidigungstechniken eingesetzt werden können.

Dabei dient der Kristall als Schutzschild. Sie können zu Ihrem Schutz ein beliebiges Bild in ihn einprogrammieren. Beispielsweise können Sie ihn sich als eine Barriere aus Licht vorstellen, die Ihren Körper umgibt, oder sogar als einen materiellen Schild, der alle negativen Energien, die auf Sie gerichtet werden, auf den Urheber zurückwirft. Besser noch sollte der Schild die Energien in positive Energien umwandeln, bevor er sie zurückwirft. Ein Kristall kann ein perfekter Schutz gegen negative Energien sein, ob sie nun direkt gegen Sie gerichtet werden oder nicht. Sie können Ihren Schutzschild auch als Bug eines Schiffes visualisieren, der alle negativen Energien abprallen läßt und sie gleichzeitig umwandelt. Einen solchen Kristallschutz tragen Sie am besten am Körper oder in Ihrer Handtasche, denn obgleich Sie den Kristall auch so programmieren können, daß er seinen schützenden Einfluß aus der Ferne ausübt, ist der Schutz wirksamer, wenn Sie ihn bei sich tragen.

Ebenso kann Ihr Kristall auch Ihr Heim oder Ihren Meditationsplatz vor negativen Energien schützen. Es gibt praktisch keinen Ort und keinen Gegenstand, den man nicht auf diese Weise schützen könnte.

Sehr wirksam sind Kristalle auch beim Pendeln. Ein natürlicher Kristall an einer Silberkette ist ein sehr gutes »Ja-Nein«-Pendel. Der gewöhnliche Effekt des Pendels wird so durch die »Intentions«-Reaktion des Kristalls ergänzt. Eine andere Methode besteht darin, den Kristall in der einen Hand zu halten und das Pendel in der anderen. Dabei wird das Pendel auf die gewohnte Art verwendet. Benutzer dieser Technik haben berichtet, daß sich dabei die Kraft des Pendels um das Zehnfache erhöht hätte.

Noch sehr wenig erforscht ist die Verwendung von Kristallen als Medien telepathischen Kontaktes. Dazu benötigt man zwei Kristalle, die sich in Harmonie miteinander befinden; außerdem ist natürlich eine telepathische Begabung des Benutzers Voraussetzung, denn Kristalle können niemals eine natürliche Begabung ersetzen. Sie verstärken nur bereits vorhandene Fähigkeiten. Man kann bei telepathischen Experimenten auch die beiden Hälften eines zuvor zersägten Kristalls benutzen. Da praktisch jeder Kristall, der sich für ein solches Experiment eignet, wesentlich härter als Stahl oder Glas ist und nur mit speziellen Werkzeugen zersägt werden kann, müssen Sie zum Zersägen einen Edelsteinschleifer heranziehen.

9

Persönliches Heilen

Heilen wird in diesem Buch als separates Thema behandelt, obgleich die im vorigen Kapitel beschriebenen Vorgänge sicherlich auch mit Heilen im spirituellen Sinne in Zusammenhang stehen. Im Folgenden werden wir uns nun weniger mit dem persönlichen Entwicklungsprozeß und mehr mit physischen Heilprozessen befassen.

Das Thema des Heilens wird in diesem Buch aus Gründen der Übersichtlichkeit aufgeteilt in *persönliches Heilen,* womit die Heilung des menschlichen Körpers gemeint ist, und *planetares Heilen,* wobei es um die Heilung des Erdkörpers geht. In Wirklichkeit sind diese beiden Bereiche natürlich nicht voneinander zu trennen, denn alles Wohlbefinden, das *auf* der Erde entsteht, ist auch ein Wohlbefinden *der* Erde. Alle chemischen Komponenten unseres Körpers stammen von der Erde und sind daher voll und ganz Bestandteile dieses Planeten. Kristalle, die dem Mineralreich angehören, das zum Erdkörper gehört und gleichzeitig den größten Teil des Erdkörpers selbst *ausmacht,* stellen eine direkte materielle Verbindung zwischen Erdkörper und menschlichem Körper her. Biologen und Chemiker wissen heute, daß der materielle Körper weitgehend kristalliner Natur ist und daß sogar einige der flüssigen Substanzen, aus denen der physische Körper besteht, kristalline Eigenschaften haben. Darauf kommen wir noch zurück.

Doch der physische Körper ist nur einer von mehreren, die zusammen unser Sein ausmachen. Diese anderen Körper werden oft als feinstoffliche bezeichnet, und sie umfassen mehrere Energieebenen und -zustände. Da Kristalle auch auf feinstoffliche Energien reagieren (die zuvor erwähnten

Elementarenergien), können die feinstofflichen Körper mit Hilfe von Kristallen beeinflußt werden.

Denken Sie daran, daß Heilen nicht beim physischen Körper *anfängt,* sondern bei den feinstofflichen Körpern, denn der physische Körper ist nur eine Spiegelung derselben. Da Kristalle jede Art von Energie zu beeinflussen vermögen, von den niedrigsten (wie der Elektrizität) bis zu den höchsten (den spirituellen Energien), kann man mit ihrer Hilfe verschiedene Körper und Energieebenen gleichzeitig behandeln.

Kristalle können nicht »wie Pillen eingenommen werden«. *Heilen* unterscheidet sich grundlegend von einer Behandlung der konventionellen Medizin, denn es ist etwas völlig anderes, zu *fühlen,* was ein Patient braucht (durch Intuition) oder darüber nachzu*denken* (der Prozeß des rationalen Denkens). Ein wirklicher Heiler, ob er Kristalle benutzt oder nicht, wirkt prinzipiell über seine intuitive Verbindung zum Patienten. Da die Energien der feinstofflichen Körper wie die Kristallenergien nur mit Hilfe der Intuition wahrgenommen werden können, kann auch echtes Heilen mit Hilfe von Kristallen nur mittels dieser Art von Sensibilität geschehen.

Es gibt allerdings Krankheiten, die durch Entfaltung eines karmischen Musters entstehen, das der Patient in diesem Leben in Form physischer Krankheit ausagiert. In einem solchen Fall ist der Krankheit durch *keine* Heilmethode beizukommen, und es bereitet dem Betreffenden noch mehr Qual, wenn man bei ihm unnötigerweise Hoffnungen weckt. Doch selbst dann kann man ihm Liebe und Verständnis zukommen lassen.

Ein Heiler braucht die Gesetze des Karma nicht unbedingt bewußt zu verstehen, denn die Auswirkungen jener Gesetze sind seiner Intuition, dem fühlenden Geist, ohnehin zugänglich. Dennoch muß der Heiler sich diesen Gesetzen gegenüber verantwortlich verhalten, auch wenn er sich ihrer nicht bewußt ist. Wir müssen Krankheit auf so vielen Ebenen wie möglich behandeln (befassen wir uns nicht in Wahrheit nur mit Symptomen, wenn wir dies nicht tun?) und dürfen keine Mühe scheuen, uns zumindest intuitiv der Gesetze bewußt zu werden, die auf den verschiedenen Seinsebenen gelten. Wer sich diese Mühe nicht machen will, sollte sich besser erst gar nicht als Heiler versuchen, weil dann alles, was er tut, wegen seines eigenen Mangels an spiritueller Integrität nur noch mehr Verwirrung stiftet.

Bei der Untersuchung eines Patienten ist der feinstoffliche Körper, der Aura genannt wird, dem Heiler am leichtesten zugänglich. Dies bedeutet nicht unbedingt, daß er in der Lage sein muß, die Farben der Aura zu sehen, sondern nur, daß er auf irgendeine Weise die Energien im Umfeld des Patienten zu fühlen vermag, und zwar insbesondere die Bereiche, in denen diese Energie gestört oder disharmonisch ist, denn dies ist ein Kennzeichen für Krankheiten.

Es ist möglich, die Aura zu »sehen«. Manche Menschen fühlen sie jedoch auch, indem sie sie mit den Händen abtasten und Störungsbereiche aufspüren. Wenn der Patient unter körperlichen Symptomen leidet, so sollte man zunächst in den Körperbereichen, in denen die Symptome auftreten, nach Störungen in der Aura suchen.

Was genau ist die Aura? Im menschlichen Körper spielt elektrische Energie eine wichtige Rolle. Überall da, wo Elektrizität fließt, wie etwa in einer elektrischen Leitung, besteht auch ein elektrisches Feld. Ein solches gibt es auch beim Menschen. Dieses Feld ist meßbar, und seit die Kirlianfotografie entdeckt wurde, sind wir in der Lage, ein solches Feld indirekt zu fotografieren. Untersuchungen haben gezeigt, daß der menschliche Körper und insbesondere die Sinnesorgane äußerst sensibel gegenüber verschiedenen Arten von elektrischer und elektromagnetischer Energie von niedriger Spannung sind. Auf Grund dieser Sensibilität sind wir in der Lage, das elektrische Feld eines anderen Menschen zu spüren; es ist weitgehend identisch mit der Energie, die wir als »Aura« wahrnehmen. Natürlich enthält die Aura die Energien aller feinstofflichen Körper, doch sind die elektrischen Ausstrahlungen des Körpers die am besten »wahrnehmbaren«. Jede Störung der feinstofflichen Körper spiegelt sich in der Aura wider, und mit Hilfe dieser Störungsbereiche innerhalb der Aura können wir die am physischen Körper auftretenden Störungen lokalisieren.

Es gibt verschiedene Arten des Heilens, die auf der Heiler-Patient-Beziehung beruhen. Die verbreitetste Form ist das *Kontaktheilen*. Hierbei legt der Heiler seine Hände direkt in die Aura des Patienten; oft berührt er sogar seinen physischen Körper. Bei dieser Art des Heilens findet ebenso wie bei anderen Arten eine Energieübertragung vom Heiler zum Patienten statt. Beim *magnetischen Heilen* überträgt der Heiler einen Teil seiner eigenen Energie auf den Patienten. Diese Technik wird insbesondere von noch ungeübten Heilern gerne angewandt. Später, bei wachsender Bewußtheit, wird der Heiler erkennen, daß er zum Kanal für höhere Energien werden kann. Dann fließen ihm die Heilenergien aus höheren Quellen zu. In beiden Fällen jedoch beruht sein Wirken auf Energieübertragung, durch die im Bereich der aurischen und höheren Energien des Patienten eine Veränderung bewirkt wird, die sich letztendlich auch auf den physischen Körper auswirkt.

Als wichtigste Erkenntnis hinsichtlich des Verhaltens von Energien innerhalb der Kristalle hatten wir festgehalten, daß Kristalle als *Transformatoren* und Harmonisatoren von Energie wirken. Da physische Krankheiten Spiegelungen von Störungen oder energetischen Disharmonien in den feinstofflichen Körpern sind, und da Heilung durch Wiederherstellung der Harmonie in den feinstofflichen Körpern bewirkt wird, ist einsichtig, daß es heilend wirkt, wenn man einen dazu geeigneten Kristall in den Bereich der energetischen Disharmonie (Krankheit) legt. Die transformative Kraft des Kristalls stellt in allen Körpern (von den feinstofflichen bis zum physischen) die energetische Harmonie wieder her.

Kristallheilen findet hauptsächlich in den feinstofflichen Körpern statt. Man kann es als eine Form des Kontaktheilens ansehen, wenn der Kristall direkt in das Energiefeld der feinstofflichen Körper plaziert wird, oder andernfalls als Fernheilen. Fernheilen ist aus jeder Entfernung möglich. Feinstoffliche Energien unterliegen den Grenzen von Zeit und Raum nicht; deshalb ist die Entfernung beim Fernheilen nicht von Belang.

Beim Kontaktheilen diagnostiziert der Heiler den Bereich

der Energiestörung und legt einen geeigneten Kristall in den betreffenden Bereich. In diesem Fall kann der Kristall vom Heiler oder vom Patienten gehalten werden, oder vielleicht kann der Patient ihn sogar für eine kurze Zeitspanne an seinem Körper tragen. Dabei sollte man jedoch den Gesunden Menschenverstand nicht ganz außer acht lassen. Vermutlich werden Sie kaum viele Patienten für das Kristallheilen begeistern können, wenn Sie Ihnen auftragen, den Kristall mit einem roten Band am Kopf zu befestigen und so herumzulaufen – das hat tatsächlich einmal ein etwas fanatischer Kristallheiler getan. Der Kristall dient in jedem Fall zur Konzentration der für die Heilung notwendigen Energie und der Heilungsabsicht und stellt deshalb die benötigte Energie zur Verfügung. Selbst wenn keine physische Erkrankung vorliegt, kann der Kristall zur Reinigung und zum Ausbalancieren der Aura benutzt werden.

Bei einer anderen Methode halten Patient und Heiler je einen Kristall. Die beiden Kristalle müssen allerdings miteinander harmonieren. Ich kenne einen Chiropraktiker, der auf eine etwas andere Weise arbeitet. Er benutzt Kristalle, die zuvor in zwei Teile zersägt wurden. Patient und Heiler halten je eine der beiden Kristallhälften in Händen. Patient und Heiler können auch Kristalle verschiedener Mineralien in beiden Händen halten. Oft besteht eine Interaktion zwischen Kristallen verschiedener Mineralen, und durch die natürlichen Energien der verschiedenen Kristalle kann ein ausgleichender Effekt erzielt werden. Welche Mineralien hierzu geeignet sind, variiert von Patient zu Patient und kann jeweils nur vom Heiler oder auf Grund der Reaktionen des Patienten entschieden werden.

Beim Heilen mit Kristallen scheint es keine Rolle zu spielen, ob der benutzte Kristall sich in seiner natürlichen Form befindet oder ob er geschliffen ist. Das Zersägen eines Kristalls in zwei Teile verändert sicherlich seine Eigenschaften, aber solange die beiden Kristallhälften anschließend sachgemäß gereinigt werden, um jeden möglicherweise durch das Schneiden entstandenen Schock zu beseitigen, scheinen sie ihren Zweck zu erfüllen. Dies gilt auch für Kristalle, die zu Edelsteinen geschliffen wurden.

Beim *Chakraheilen* und beim Ausgleichen der Chakraenergien wird die Verwendung von Kristallen heute immer gebräuchlicher. Die Techniken des Kontaktheilens und des Fernheilens sind auch auf Chakras anwendbar, doch muß der Heiler bei dieser Art des Heilens dem Patienten gegenüber wesentlich empfindsamer sein, da es zu schweren Störungen kommen kann, wenn der falsche Kristall oder die falschen Energien benutzt werden. Auch hier muß der Heiler mit verschiedenen Kristallen experimentieren und ihre Auswirkungen genau beobachten. Man wird entdecken, daß die Kristalle gewisser Mineralien stärker auf bestimmte Chakraenergien reagieren als andere. Ich selbst habe herausgefunden, daß das Plazieren von Kristallen über verschiedenen Chakras deutlich unterscheidbare Gehirnwellenmuster erzeugt, insbesondere im unbewußten Bereich. Um in diesem Energiebereich Wirkungen zu erzielen, muß es auf höheren Ebenen zu sehr starken Reaktionen kommen.

Kristallpendel sind insbesondere zum Feststellen von Störungen des energetischen Gleichgewichts im Bereich der Chakras geeignet, und oft reicht schon der Kristall des Pendels aus, um dieses Gleichgewicht wiederherzustellen. Ein Heiler wendet diese Methode so an, daß er den Kristall einfach frei im Bereich des entsprechenden Chakras so lange mit der Intention des Ausgleichens schwingen läßt, bis der Pendelschwung von selbst zur Ruhe kommt. Dann ist der Gleichgewichtszustand im betreffenden Chakra wiederhergestellt.

Welche Kristalle sich für welche Chakras am besten eignen, ist nicht eindeutig zu beantworten. Heiler, die zum Chakraheilen Farben benutzen, wissen, daß es keine einheitliche Meinung darüber gibt, welche Farben wann zu benutzen sind. Das Gleiche gilt für Kristalle. Der Heiler muß mit Hilfe seiner Sensibilität die Energien des Patienten und des Kristalls erspüren und versuchen, beide in einer gegebenen Situation in Einklang miteinander zu bringen. Einige Heiler haben versucht, mit farbigen Kristallen nach den gleichen Prinzipien zu arbeiten, die sie auch beim Farbheilen angewandt haben, aber dieser Ansatz sollte nur als Ausgangspunkt dienen.

Man kann auch nur eine einzige Art von Kristallen benutzen, etwa Quarz, und jeden Kristall dann auf ein bestimmtes Chakra einstimmen. Dagegen ist nichts einzuwenden. Allerdings schränkt die Verwendung nur eines einzigen Minerals die Bandbreite der einsetzbaren Kristallenergien erheblich ein. Das Kapitel über Workshoptechniken wird zeigen, wie unglaublich unterschiedlich Kristallenergien sein können.

Auch im Zusammenhang mit Akupressur und Akupunktur gibt es viele Anwendungsmöglichkeiten für Kristalle. Zur Diagnose bestimmter Schwachstellen auf den verschiedenen Energiebahnen, die durch den Körper fließen, gibt es verschiedene Techniken. Unabhängig von diesen Diagnosemethoden führt jedoch die Behandlung mit Kristallen in vielen Fällen zu raschen Resultaten.

Man kann einen Kristall in der Hand halten, während man sich einer Akupressurbehandlung unterzieht, oder anstelle von Fingerkontakt kann der Behandelnde auch direkt Kristalle auf die Akupressurpunkte drücken. Wenn Sie diese Technik anwenden wollen, sollten Sie allerdings zuvor die Spitze des Kristalls mit Sandpapier abrunden, da sonst die Haut des Patienten verletzt werden könnte. Und vergessen Sie nicht, den Kristall vom Schock des Abschleifens zu reinigen.

Bei der Akupunktur kann ein Kristall in Kontakt mit der Akupunkturnadel benutzt oder in der Hand gehalten werden, während die Nadeln in den Körper gesetzt werden.

Harry Oldfield, ein Londoner Akupunkteur, hat ein Gerät erfunden, das aus einem Frequenzgenerator zur Erzeugung des sogenannten »weißen Rauschens« (der Summe aller Tonfrequenzen) besteht, der mit einer Glasröhre verbunden ist. Diese wird mit verschiedenen Kristallen und einer Salzlösung gefüllt. Das weiße Rauschen wird in einen elektrischen Strom übersetzt, der durch die Röhre fließt (im weiteren »Stab« genannt). Auf diese Weise werden die Kristalle stimuliert.

Der Stab wird dann gegen den Körper gedrückt, und zwar gewöhnlich auf einen Akupressur- oder Akupunkturpunkt. Es scheint eine Reaktion zwischen dem Stab und dem physischen Körper stattzufinden; insbesondere gilt dies für das

Knochengewebe. Bei einer großen Palette von Beschwerden sind mit Hilfe dieses Verfahrens gute Ergebnisse erzielt worden.

Viele Verletzungen und Krankheiten lassen sich mit Kristallenergien behandeln. Die meisten dieser Möglichkeiten sind allerdings bislang nur unzureichend erforscht, weshalb es sich empfiehlt, das Kristallheilen mit anderen Techniken zu verbinden, die sich bereits bewährt haben.

Man sollte die sogenannte Schulmedizin nicht generell ablehnen, da es viele Krankheiten gibt, die die alternative Medizin nicht heilen kann und die daher ganz der Obhut der Schulmedizin unterliegen. Es gibt beispielsweise nur wenige Praktiker der alternativen Medizin, die in der Lage sind, ein gebrochenes Bein sachgemäß zu behandeln. Wir wollen uns nun einigen Bereichen zuwenden, die hauptsächlich mit Hilfe schulmedizinischer Methoden behandelt werden, und schauen, wie Kristalle eine solche Behandlung ergänzen können.

Die Behandlung vieler Arten von psychischen Krankheiten kann sehr wirkungsvoll durch Kristalle ergänzt werden. Gewisse Kristalle, wie etwa die des Turmalin, üben auf viele Menschen eine beruhigende Wirkung aus; wahrscheinlich bewirken sie sehr feine Veränderungen im Bereich der Gehirnwellenmuster. Sicherlich kann die Verwendung von Kristallen in Verbindung mit Psychoanalyse oder anderen Methoden zur Behandlung psychischer Erkrankungen sehr wirksam sein.

Ein Nebenprodukt unseres technologischen Zeitalters ist die massenhafte Erzeugung elektromagnetischer Wellen der verschiedensten Wellenlängen. Solche Wellen können sehr störend auf die Gehirnwellen einwirken. Der Gebrauch von Kristallen kann helfen, die normalen Gehirnwellenmuster bei Menschen wiederherzustellen, die infolge solcher künstlich erzeugten Elektrowellen Angstsymptome entwickelt haben.

Andere Arten von Gehirnerkrankungen, etwa Epilepsie und Gehirnschläge, könnten ebenfalls durch eine Kristallbehandlung günstig beeinflußt werden, allerdings ist mir nicht bekannt, ob in dieser Richtung schon spezielle Methoden entwickelt worden sind. Mit Sicherheit dürften sich die »erdenden« Einflüsse von Kristallen als sehr nützlich bei der Behandlung von Epilepsie erweisen, weil bei einem epileptischen Anfall die feinstofflichen Körper oft in ihrem Verhältnis zueinander gestört oder vollständig vom physischen Körper getrennt werden.

Der Informationstransfer im Gehirn findet nach dem heutigen Erkenntnisstand wahrscheinlich mit Hilfe flüssiger Kristalle statt. Daher ist anzunehmen, daß psychische Erkrankungen oder somatische Gehirnerkrankungen sehr gut durch Kristallheilen zu beeinflussen sind, weil sich die organischen Kristalle (im Gehirn) und die anorganischen Kristalle, die zum Heilen benutzt werden, in Harmonie miteinander befinden. Vielleicht werden wir irgendwann einmal verletztes Gehirngewebe heilen oder zumindest den unverletzten Teil des Gehirns so programmieren können, daß er die Funktionen der zerstörten Bereiche übernehmen kann. Bei dieser Art von Heilen müßte in den Kristall die Intention eingegeben werden, die Gehirnzellen zu reprogrammieren. Dabei müßte man den Kristall auf den Kopf des Patienten legen, und zwar an die Stelle, wo es ihm am angenehmsten erscheint. Dies könnte besonders nützlich sein bei der Behandlung von Krankheiten wie Alkoholismus, die einen degenerativen Langzeiteffekt auf das Gehirngewebe haben.

Bei der Behandlung innerer Organe können wir natürlich keinen Kristall in die betreffenden Organe implantieren oder uns Zugang zu ihnen verschaffen, sondern lediglich auf die dementsprechende Störung im Energiefeld des Körpers einwirken. Australische Ureinwohner implantieren tatsächlich Kristalle, doch wahrscheinlich nur unter die Haut.

Meist wird beim Heilen kranker Organe der Kristall in der Hand gehalten oder in den Körperbereich gebracht, in dem sich die energetische Störung befindet. Ist das Energiefeld wieder harmonisiert worden, so ist auch das kranke Organ geheilt. Wie weit der Kristall hierbei vom Körper entfernt gehalten werden oder in welche Richtung er weisen sollte, unterliegt keinen festen Regeln. Der Patient muß selbst verschiedene Abstände und Richtungen ausprobieren, bis er eine deutliche Reaktion verspürt. Diese kann in einem Abnehmen des Schmerzes oder des Unbehagens, einem prikkelnden Gefühl im erkrankten Körperbereich, in Hitze- oder Kälteempfindungen oder einfach in einem allgemeinen Wohlbehagen bestehen. Auch hier ist der beste Indikator, was sich »richtig« anfühlt.

Bestimmte Verletzungen, vor allem Knochenverletzungen, verursachen oft starke Störungen im Energiefeld des Körpers, die länger anhalten als etwa bei Haut- und Muskelverletzungen. Dies hängt mit der kristallinen Natur der Knochen zusammen und mit der Tatsache, daß Schmerzen oder Verletzungen dazu tendieren, sich in die Knochenstruktur einzuprägen. Ebenso verhält es sich im Fall der Arthritis, deren Ursache eine Degeneration des kristallinen Materials der Gelenkoberfläche sein kann. In beiden Fällen ist das Entscheidende, daß hier das Knochengewebe selbst falsch programmiert ist, so daß die Behandlung mit Kristallen bei diesen Krankheiten im *De*-Programmieren besteht. Dazu müssen Sie Ihren Kristall mit der Intention programmieren, die störende Programmierung aus dem Knochengewebe zu entfernen, indem Sie sie in den Kristall hineinziehen. Das Gleiche gilt bei Knochenbrüchen. In all diesen Fällen fühlt sich der verwendete Kristall auf bestimmten Stellen besser an als auf anderen. Wenn man die Kristallbehandlung unmittelbar im Anschluß an die Behandlung der Verletzung mit herkömmlichen medizinischen Mitteln durchführt, etwa nach dem Richten des Knochens, so kann man in manchen Fällen eine Linderung der Schmerzen erzielen. Haben Sie ein negatives Programm aus einem Knochen in den Kristall hineingezogen, so müssen Sie diesen natürlich anschließend sofort reinigen.

Setzt man einen Kristall zur Auflösung eines Schockzustandes ein, der in die gebrochenen Knochen einprogrammiert war, so ist es wichtig, das Programm zur Wiederherstellung des Knochengewebes zu erhalten oder es sogar zu verstärken.

Bei Schnitten und anderen Arten von Hautverletzungen kann man nach dem Stillen der Blutung zur Reduzierung des Schocks und zur baldigen Wiederherstellung des beschädigten Gewebes ebenfalls Kristalle einsetzen. Meist bringt man hierzu den Kristall in die Nähe der Wunde und bittet den Patienten, tief zu atmen. Das hält die Auswirkungen des Schocks gering, da der Kristall auf die feinstofflichen Körper einwirkt, in denen sich die Schocksymptome am stärksten manifestieren. Dies kann auch zu einer Linderung der Schmerzen beitragen. Der Kristall fungiert hier als Verbindung zwischen den beiden Seiten der Wunde, so daß die Heilprogramme der feinstofflichen Körper sofort mit ihrer Arbeit beginnen können. Auch in diesem Fall ist die Plazierung des Kristalls entscheidend. Eventuell muß man den Kristall in verschiedene Richtungen bewegen, bis eine spürbare Besserung eintritt. Wenn der Patient keine spezielle Wirkung verspürt, sollte man den Kristall einfach auf irgendeine Körperstelle legen, wo es dem Benutzer angenehm erscheint.

Man kann diese Technik auch nach einem chirurgischen Eingriff anwenden, doch achte man in diesem Fall darauf, daß die Heilung in den tiefsten Schichten beginnt und sich allmählich nach außen verlagert. Das körpereigene, natürliche Heilungsprogramm sollte möglichst unterstützt werden, anstatt dem Körper ein fremdes aufzuerlegen. Aber *benutzen* Sie den Kristall dazu, das Operationstrauma aus dem Gewebe zu entfernen, denn dieses blockiert den natürlichen Heilungsprozeß oft. Wenn der Patient schon vorher mit einem Kristall meditiert hat, so sollte er ihn nach der Operation unbedingt benutzen, um die in den feinstofflichen Körpern durch die Narkose entstandene Unordnung zu beseitigen. In einer solchen Situation ist auch das Ausbalancieren der Chakraenergien sehr zu empfehlen.

Beim Gebrauch von Kristallen zur Heilung jeder Art müssen die verwendeten Kristalle immer wieder gereinigt werden, denn beim Heilen wird die Programmierung des Körpers, die die Erkrankung verursacht hat, in den Kristall gezogen.

Im Osten werden Kristalle oft in pulverisierter Form eingenommen. *Tun Sie dies unter keinen Umständen!* Die Kraft des Kristalls hängt mit seiner inneren Struktur zusammen: Wenn Sie seine Struktur zerstören, zerstören Sie damit auch seine wohltätigen Eigenschaften. Außerdem können einige Kristalle Vergiftungserscheinungen hervorrufen.

Beim Fernheilen entweder von Einzelnen oder von Gruppen ist die Verwendung eines Kristalls zur Konzentration von Willen und Intention besonders wirksam. In diesem Fall benutzen wir die Hilfe der Elementarwesen der Kristalle sozusagen als »Telefonverbindung« für die Energien, die gesendet werden sollen. Die hierzu verwendeten Kristalle werden oft als Energietransmitter bezeichnet, doch ist dieser Begriff irreführend. Ein Radiotransmitter beispielsweise strahlt starke elektromagnetische Wellen (Radiowellen) aus, während ein Kristall nur »den Weg reinigt«, damit die heilenden Energien mit einem Minimum an äußeren Störungen gesendet werden können.

Es sei noch einmal wiederholt, daß Kristalle praktisch jede andere Technik ergänzen können, die der Heiler benutzt. Wenn er Farben benutzt, kann er diese durch den Kristall schicken. Wenn er mit Visualisation arbeitet, kann er den Patienten innerhalb des Kristalls mit all seinen harmonisierenden Einflüssen visualisieren. Den Kristall einfach in der Hand zu halten, während man die heilende Energie aussendet, soll auch recht wirksam sein. Ein Heiler hat sogar Erfolge erzielt, indem er auf ein Foto eines Patienten einen speziell auf dessen Heilung programmierten Kristall legte.

Heiler, die Kristalle benutzen, berichten oft über ein Pulsieren von Energie in den Kristallen, die sie verwenden. Aus dem Kapitel über das Atom erinnern wir uns daran, daß die Energie bei ihrer Bewegung von einer Atomschicht zur anderen nicht ziellos umherwandert, sondern in sehr zielgerichteten Sprüngen von Ebene zu Ebene springt. Dieses Pulsieren deutet an, daß im Kristall dasselbe passiert, während die Heilenergien den Kristall durchdringen. Mit anderen Worten sammelt der Kristall so lange Energie an, bis er sie in einem Quantenimpuls freisetzen kann.

Die hier beschriebenen Heilmethoden erheben keineswegs Ausschließlichkeitsanspruch. Sie sind lediglich als eine Art Leitfaden anzusehen. Jeder Heiler entwickelt seine eigenen Methoden, und es gibt eine unendliche Anzahl von Kombinationen und Variationen.

Selbstheilung

Welche Kristalle zur Selbstheilung geeignet sind, ist noch schwieriger zu sagen, weil der Betreffende, der Heilung sucht, möglicherweise keine besonders gut entwickelte Intuition hat oder seiner Intuition nicht vertraut. Dennoch ist es fast immer besser für den Patienten, seinen Kristall selbst auszuwählen. Man sollte zu diesem Zweck möglichst Kristalle verschiedener Mineralien zur Auswahl haben; aus diesen kann der Patient einen wählen, der mit seiner eigenen Energie besonders gut harmoniert. Dabei könnte die Frage auftauchen, ob ein Kristall, der mit der eigenen Energie gut harmoniert, notwendigerweise auch die Energien der Krankheit harmonisieren wird. Die Antwort lautet: Der Kristall wird mit Hilfe der Intuition ausgewählt, und diese ist ein Aspekt des höheren Wesens, das immer unsere Bedürfnisse kennt.

Das löst allerdings immer noch nicht das Problem eines Menschen, der sich seiner intuitiven Kräfte nicht bewußt oder ihnen gegenüber indifferent ist. Es gibt verschiedene Methoden, die intuitiven Kräfte zu entwickeln. Wir haben fast alle schon einmal die Erfahrung des »ersten Eindrucks« gemacht – jenes Gefühl, das man hat, wenn man einen Menschen zum ersten Mal trifft oder wenn man sich zum ersten Mal in einer neuen Situation befindet. Oft versucht man, sich dieses Gefühl auszureden, doch später stellt sich fast immer heraus, daß es der Wahrheit entsprach. Dieses Phänomen kann auch bei der Auswahl von Kristallen sehr nützlich sein.

Man kann den ersten Eindruck auf verschiedene Weise zu Hilfe nehmen. Zunächst kann man ganz einfach die Augen schließen, sich kurz entspannen, die Augen dann plötzlich wieder öffnen und nach dem ersten Kristall greifen, den man bewußt wahrnimmt. Wenn es mehrere sind, so breite man diese erneut vor sich aus und wende dieses Verfahren noch einmal an. Eine andere Möglichkeit besteht darin, eine Anzahl von Kristallen auszuwählen, von denen man sich aus irgendeinem Grund angezogen fühlt. Anschließend verfährt man wieder nach der obigen Methode.

Oft genügt es, einfach in eine mit Kristallen gefüllte Schachtel zu greifen und den Kristall herauszunehmen, den man in der Hand hat. Es ist sicherlich auch nichts dagegen einzuwenden, dies mit offenen Augen zu tun. Hierbei besteht allerdings die Versuchung, ein »schöneres« Exemplar zu wählen, das direkt neben demjenigen liegt, zu dem man sich *wirklich* hingezogen fühlt. Bei all diesen Methoden ist in irgendeiner Form der »erste Eindruck« im Spiel; Sie wählen, bevor Sie überhaupt die Chance haben, darüber *nachzudenken,* was Sie tun.

Wenn Sie Ihre Kristalle bei jemandem auswählen, der esoterisch mit Kristallen arbeitet, so ist sicherlich nichts dagegen einzuwenden, wenn Sie ihm gestatten, Ihnen bei der Auswahl behilflich zu sein. Sie können den Betreffenden bitten, ein Dutzend Kristalle auszuwählen, die er mit Hilfe seiner Intuition als für Sie geeignet erkennt. Die abschließende Auswahl sollten Sie allerdings selbst treffen. Die letzte Entscheidung muß unbedingt bei Ihnen liegen. Selbst wenn ein Experte eine Gruppe von Kristallen für Sie ausgewählt hat, kann es sein, daß *keines* der ausgewählten Stücke für Sie das richtige ist.

Für diejenigen, die Ihrer Intuition vertrauen, ist die Auswahl eines Kristalls wesentlich leichter. Sie brauchen lediglich eine große Sammlung von Kristallen zu suchen und dann ihre Wahl zu treffen.

Welche Art von Kristall Sie brauchen, kann Ihnen entweder die Intuition des Augenblicks eingeben, oder Sie können es durch Meditation erkennen oder mit Hilfe eines geistigen Führers, wenn Sie diese Ebene des Kontaktes erreicht haben. Die letzte Entscheidung jedoch sollte auch in diesem Fall der Benutzer selbst treffen. In vielen esoterischen Magazinen findet man Anzeigen, in denen Kristalle für die verschiedensten Verwendungszwecke angeboten werden, und oft erklärt sich auch jemand bereit, Kristalle für Sie auszuwählen. halten Sie sich davon fern. Es ist schlimmer, den falschen Kristall zu haben, als keinen zu haben!

Die Erfolge, die mit den verschiedenen Heilmethoden erzielt werden, sind sehr unterschiedlich. Methoden, die bei einem Menschen funktioniert haben, brauchen bei anderen noch lange nicht erfolgreich zu sein. Außerdem wirken die Gesetze des Karmas unabhängig von jeglichem Heilen, und wenn man diese Gesetze ignoriert, führt das zu negativen Ergebnissen.

Man sollte vorzugsweise auf der Ebene der höchsten feinstofflichen Körper heilen, doch kann es natürlich sein, daß ein Mensch, der sich in der Selbstheilung versucht, keinerlei Sensibilität gegenüber etwaigen Störungen im Bereich dieser Körper hat – zumindest keine, deren er sich bewußt ist. Wenn der Patient jedoch seinen Kristall intuitiv und mit der Absicht der Selbstheilung ausgewählt hat, so kommt er dadurch dem richtigen zumindest sehr nahe.

Die Techniken selbst sind sehr einfach – man plaziert den Kristall in der Aura, indem man ihn entweder trägt, ihn in der Hand hält und ihn durch die Aura führt oder indem man ihn vielleicht sogar während des Schlafs unter Bett oder Kopfkissen legt. Entscheidend ist, was sich für den Patienten richtig anfühlt. Auch hier soll noch einmal betont werden, daß die Technik des Kristallheilens andere Techniken nicht ersetzen, sondern herkömmliche Techniken wie Homöopathie, Akupunktur oder in einigen Fällen auch die schulmedizinische Behandlung lediglich ergänzen kann.

Die im Zusammenhang mit der Behandlung psychischer Erkrankungen und organischer Gehirnerkrankungen erwähnten Methoden können auch zur Selbstheilung eingesetzt werden. Doch sollte in diesem Fall die eigentliche Programmierung der Kristalle, die der Patient benutzen will, am besten von einem Heiler oder von einem Unbeteiligten durchgeführt werden. Wenn der Patient an einer psychischen Störung leidet, so kann es natürlicherweise für ihn schwierig werden, eine klare Programmierung des Kristalls für den Selbstheilungsprozeß vorzunehmen. Auch sollte der Patient seinen gesunden Menschenverstand niemals außer acht lassen und erkennen, daß alle Heilverfahren letztlich zum Scheitern verurteilt sind, wenn er seinen Körper fortwährend durch Koffein, Zucker und andere ungesunde Stoffe schädigt.

10

Planetares Heilen

Die Erde ist Teil größerer Strukturen des Universum, angefangen beim Sonnensystem bis hin zur Galaxis. Alles, was auf der Erde geschieht, erzeugt »Wellen«, deren Ausläufer noch weit über die unmittelbare Nähe des Planeten hinaus reichen. Daher geht es beim planetaren Heilen um wesentlich größere Dimensionen als nur um die Erde selbst.

Aber wie ist die Erde in ihren derzeitigen Zustand geraten? Viele Menschen (auch ich selbst) haben heute Erinnerungen an die Vergangenheit der Erde, Erinnerungen, die in bemerkenswerten Einzelheiten mit denen anderer übereinstimmen. Die Menschen, die diese Erinnerungen haben, stehen nicht in Kontakt zueinander; sie leben sogar auf verschiedenen Kontinenten.

In jenem Erdzeitalter, das als Atlantisches Zeitalter bezeichnet wird, stand die Erde am Beginn, ihre Erfüllung als ein Ort zu erreichen, an dem das Bewußtsein des Menschen die Essenz des Geistes in die dichte Materie der Erde einprägte – dies war der eigentliche Zweck, zu dem das Menschengeschlecht geschaffen wurde. Als der Mensch jedoch *selbst*-bewußter wurde, trennte er seine eigenen Wünsche und Bedürfnisse von den Bedürfnissen des Geistes, von dem er abstammte.

In Atlantis wurden zur Integration des Geistes in die Materie in großem Maße Kristalle benutzt. Sie erhielten ihre Macht und Energie vom universalen Elementarwesen (oder Deva) der Kristalle. Es ist jedoch wichtig, zu bedenken, daß dies ein wechselseitiger Austausch war. Auf diese Integrationsbemühungen des Menschen auf der Erde antwortete jeder Kristall im Universum durch das Elementarwesen der Kristalle, und all diese Kristalle nahmen in ihre Programmierung jene höheren Energien auf, die die Menschheit mit ihrer Hilfe benutzten. Wir verstehen allmählich, warum die bewußte Arbeit mit Kristallen auf planetarem Niveau nicht nur die Erde beeinflußt, sondern den gesamten Kosmos, und warum sich die Disharmonien weit über den Planeten Erde hinaus auswirken, wenn die Kristallkräfte mißbraucht oder fehlgelenkt werden. Dies ist in Atlantis geschehen, und das war auch der Grund für die Zerstörung der atlantischen Zivilisation.

In Atlantis waren Kristalle aller Arten in Gebrauch, angefangen bei den riesigen, meterhohen Kristallen in den Haupttempeln bis hin zu kleineren, handgerechten Kristallen, die zur Behandlung von Krankheiten verwendet wurden. Synthetische Kristalle wurden ebenfalls benutzt. Diesen waren insbesondere gegen Ende des Atlantischen Zeitalters Formen und Energien verliehen worden, die sich weit von den Harmonien und vom universalen Einklang mit den Elementarwesen entfernt hatten. Die größten Kristalle standen entweder auf wichtigen Punkten der Erde oder hatten mit solchen Verbindung. Bei diesen Punkten handelte es sich um Schnittpunkte von Energiebahnen der Erdenergie, die man mit den Akupunkturpunkten auf dem menschlichen Körper vergleichen könnte. Diese Linien waren teilweise natürlich und teilweise künstlich geschaffen, und die Bewohner von Atlantis verstärkten mit Hilfe ihrer Kristalle und durch bewußte Anstrengungen einen Teil dieser Linien.

Zu einem bestimmten Zeitpunkt traf die Priesterschaft, die für die großen Kristalle verantwortlich war, Entscheidungen in ihrem eigenen Interesse statt im Interesse des Planeten, und dies war der Anfang vom Ende. Die Kraft der Kristalle ist grundsätzlich weder gut noch böse – sie existiert einfach. Wie bei jedem anderen spirituellen Werkzeug hängt der Zweck, für den diese Kraft eingesetzt wird, vom Willen und Bewußtsein des Benutzers ab. Schließlich war es so weit, daß die Bewohner von Atlantis sich bemühten, die Oberfläche der Erde selbst zu verändern – sie versuchten tatsächlich, Kontinente zu verschieben! Und mit der Macht, die ihnen durch jene riesigen Kristalle zur Verfügung stand, lag ein solches Vorhaben durchaus im Bereich des Möglichen.

Da entschied sich jene Hierarchie, die die Entwicklung der Erde beobachtet, einzugreifen und dies zu verhindern. Kristalle für solche Zwecke einzusetzen, widersprach allen Gesetzen, denen ihre Macht unterworfen ist, und richtete sich somit nicht nur gegen das Wohl der Erde, sondern auch gegen das des gesamten Sonnensystems. Der unbeteiligte Teil der Priesterschaft wurde gewarnt und floh praktisch über Nacht von den Inseln und Kontinenten des Atlantischen Reiches. Diese wenigen Priester machten sich zu den verschiedensten Orten der Welt auf, die noch in der Entwicklung begriffen waren (so wie es auch heute auf der Welt Kulturen auf verschiedenen Entwicklungsstufen gibt). Zu diesen neuen Kulturen brachten die Priester ihr spirituelles Wissen und ließen sich, wenn möglich, unter der einheimischen Bevölkerung nieder. Dies waren die Anfänge jener frühen Kulturen wie der tibetischen, der mesopotamischen, der chinesischen und ägyptischen und anderer, die weder reiften noch Bestand hatte.

Doch schon kurz bevor die erleuchtete Priesterschaft Atlantis verlassen hatte, hatten Mächte von außerhalb der Erde die größten Kristalle entfernt. Da jedoch ein so großer Teil des Energiesystems der Erde mit ihnen verbunden war, und weil zu diesem Zeitpunkt in den verbindenden Energien eine große Menge von Spannungen und Disharmonie bestand, löste die Entfernung jener Kristalle katastrophale Veränderungen aus. Die unmittelbarste Auswirkung war die Abspaltung der verschiedenen atlantischen Landmassen an den Stellen, wo zuvor die Kristalle gewesen waren. Es kam zu gewaltigen Erdbeben, und die Landmassen erhoben sich entweder oder versanken. Außerdem traten weltweit Wetterveränderungen ein. Möglicherweise sind die Flutgeschichten von Noah und Gilgamesch auf diese Zeit zurückzuführen. Man könnte diese gewaltigen Ereignisse in der Geschichte der Erde mit einem chirurgischen Eingriff am menschlichen Körper vergleichen: Sie verursachten große Schmerzen und einen schweren Schock, und dem folgte eine lange Zeit des Heilens und der Wiedergenesung.

Die Gesetze des Karma gelten für einen Planeten als Ganzes ebenso wie für einen einzelnen Menschen. Man könnte auch sagen, daß das Karma der Erde das kollektive Karma des Menschengeschlechts ist. Und in diesem speziellen Fall spielte das Karma eine bedeutende Rolle.

Man kann sich Karma als energetisches Gleichgewicht vorstellen – wenn man eine X-Menge an negativen und disharmonischen Energien produziert, so muß man eine X-Menge an positiver Energie produzieren, um erstere auszugleichen. Besser noch sollte man die negative Energie in sich selbst zurücknehmen und sie in positive umwandeln.

Und das genau hat die Menschheit seit dem Untergang von Atlantis getan. Wir haben die negative Energie in uns zurückgenommen, die in Atlantis ins Universum ausgesandt wurde. In uns nahm sie die Form von Haß und Gewalt an und zerstreute sich auf diese Weise schließlich. Wenn wir wütend sind und diese Wut zurückhalten, so bleibt die Energie in uns. Wenn wir diese Energie jedoch durch Schlagen auf einen Sandsack (die Person, die uns wütend werden ließ) zum Ausdruck bringen, wird die Energie des Hasses in mechanische Energie umgewandelt und zerstreut sich. Wenn die Energie der Wut durch die mechanische Energie des Schlagens oder durch stimmlichen Ausdruck (Schwingungen der Luft) ausgeglichen worden ist, so hat sie sich verflüchtigt. Die Waagschalen befinden sich dann wieder im Gleichgewicht.

Wem dies ein wenig zu hart klingt, der sollte über ein paar Einzelheiten nachdenken. Zunächst einmal waren sehr viele der Seelen, die sich zu allen Zeiten der Geschichte auf der Erde befanden, schon in Atlantis präsent – durch ihren Mangel an spiritueller Integrität führten sie den Untergang dieses großen Reiches herbei. Zweitens ist die Seele gänzlich unzerstörbar, und wenn der physische Körper stirbt, sucht sich die Seele zu einem späteren Zeitpunkt einen neuen Körper und kommt immer wieder in neuer Gestalt ins Leben zurück.

Wenn wir berücksichtigen, daß die Erde eine Schule ist, ein Ort des Lernens, so kann man all die »Schicksalsschläge«, die der Menschheit zu widerfahren scheinen, als Lernerfahrungen ansehen. Und schließlich der wohl wichtigste Punkt: Da die Seele unzerstörbar ist, ist sie auch zeitlos. Die annähernd zwölftausend Jahre seit dem Untergang von Atlantis sind daher im Grunde eine relativ kurze Zeitspanne und tatsächlich von geringem Belang für Seelen, die möglicherweise Millionen von Jahren alt sind.

Das sogenannte Neue Zeitalter, in das wir auf der Erde soeben eintreten, ist die Zeit der Vollendung des planetaren Karmas. In dieser Zeit besinnen wir uns wieder einmal auf unsere Spiritualität, sowohl als Individuen wie auch als ganzer Planet.

Heute entstehen überall auf der Erde Zentren des Neuen Zeitalters; manche davon existieren nun schon seit vielen Jahren. In einigen dieser Zentren werden große Kristalle benutzt, die den gleichen positiven Zwecken dienen wie einstmals die Kristalle von Atlantis – diesmal jedoch hoffentlich mit einem höheren Grad an Bewußtheit.

Diese Zentren befinden sich an wichtigen Schnittpunkten des irdischen Energienetzes, sowohl an denen des natürlichen Netzes wie auch der Reste des atlantischen Systems. Von diesen Zentren aus wird eine bewußte Rekonstruktion der planetaren Energien erfolgen, und durch diese Zentren wird ein großer Teil der Energie des Neuen Zeitalters in die Erde gelenkt. Aber bevor wir einen Blick auf die Zukunft der Erde werfen, wollen wir zunächst noch einmal in die Vergangenheit zurückschauen.

Eine der wichtigsten Aufgaben, die einst mit Hilfe von Kristallen verrichtet wurden und die auch in Zukunft wieder mit ihrer Hilfe verrichtet werden sollen, ist die unmittelbare Arbeit mit den Energien des Planeten. Der Mensch hat seit dem Untergang von Atlantis mehrfach versucht, diese planetaren Energiequellen wieder anzuzapfen, und vielerorts auf der Erde finden sich Artefakte, die bei derartigen Versuchen entstanden sind. Einer der frühesten war die Große Pyramide von Giseh. Über dieses Bauwerk ist wahrscheinlich mehr mystischer Unsinn geschrieben worden als über jedes andere in der Geschichte unseres Planeten. Die Pyramidenform hat gewiß einzigartige energetische Eigenschaften – insbesondere die Fähigkeit, Zeit und Raum zu verändern. Diese Qualitäten der Zeitlosigkeit und Raumlosigkeit ermöglichen es, ein solches Gebäude mit Kristallen in Einklang zu bringen, da die Fähigkeit, Kristalle ohne die gewöhnlichen Begrenzungen von Zeit und Raum zu benutzen, ihre Kraft vergrößert. Es war kein Zufall, daß die Große Pyramide als genaues Abbild des Goldenen Tempels von Atlantis erbaut wurde. Die Große Pyramide wurde gebaut, als sich die ägyptische Priesterschaft spirituell bereit fühlte, die Atlantische Kultur wiederaufzubauen. Wegen dieser Fähigkeit, Zeit und Raum zu verändern, nutzten spätere ägyptische Kulturen, die großen Wert auf die Erhaltung des physischen Körpers legten, die Pyramiden als Grabstätten. Das war jedoch bestimmt *nicht* ihr ursprünglicher Zweck.

Viele heute erhältlichen Publikationen enthalten eine Vielzahl von Irrtümern bezüglich der Mineralogie der in der Großen Pyramide verwendeten Steine. Besondere Bedeutung wird beispielsweise der Tatsache beigemessen, daß die Königskammer und gewisse innere Teile aus Granit bestehen, einem Gestein mit hohem Quarzgehalt. Man versuchte also, durch komplizierte Berechnungen die ungeheure elektrische Kapazität nachzuweisen, die diese Quarzmenge unter dem innerhalb der Pyramide herrschenden Druck angeblich erzeugen sollte. Dabei wurde jedoch völlig mißverstanden, wie sich Energien in Kristallen verhalten. Diese Mißverständnisse werden wir im nächsten Kapitel untersuchen.

Tatsächlich wirkt sich das Gestein derartiger megalithischer Strukturen häufig energieverändernd auf die natürlichen Erdenergien aus, die sie durchfließen. Der konstante Energiezufluß aus der Erde wird durch die Mineralien, aus denen der Stein besteht, permanent verändert. Dies war den Alten eindeutig bekannt, wahrscheinlich allerdings eher intuitiv als bewußt, und diese Tatsache wurde auch bei fast allen alten Bauwerken einschließlich der Großen Pyramide mit großem Erfolg genutzt. Die Große Pyramide liegt an einem besonderen Schnittpunkt der Erdenergielinien, die Ley-Linien genannt werden. Dadurch wird sie zu einem wichtigen Akkumulator und Transformator von Energie. Diese energieverändernden Eigenschaften können auch bei vielen anderen alten Bauwerken Ägyptens beobachtet werden, insbesondere bei den ältesten Gebäuden in Theben (dem heutigen Luxor) und in anderen alten Tempelstädten.

Ein weiteres klassisches Beispiel einer Anlage, die sensitiv für Energien ist, wurde in Stonehenge in England errichtet, allerdings zu einem viel späteren Zeitpunkt. Die Steine, aus denen Stonehenge erbaut wurde, wurden über große Entfernungen herangeschafft, und sie befinden sich in einer besonderen mineralogischen Harmonie mit den Erdenergien an diesem Ort. Außerdem verwendete man in Stonehenge an verschiedenen Stellen verschiedene Gesteinsarten, so daß innerhalb der Gesamtstruktur ein Energiefluß entstand und verschiedene lokale Zentren der Energieakkumulation geschaffen wurden. Diese angesammelte Energie verwendeten die Priester bei ihren Ritualen und zur intuitiven Führung der von ihnen betreuten Gemeinschaften.

Andere Steinbauten, wie etwa die Pyramiden in Mexiko und in Mittelamerika und viele der megalithischen Bauten in Südamerika sowie auch die »Medizinräder« in Nordamerika, scheinen allesamt Zeugnisse der Einstimmung in den Energiefluß der Erde zu sein. Man bedenke, daß erst seit relativ kurzer Zeit große Teile der Menschheit nicht mehr eng verbunden mit der Erde leben und den Einklang mit den Erdenergien verloren haben. Ganz ist uns dieses Gefühl aber auch heute keineswegs genommen. Sicher haben auch Sie sich schon einmal bei Reisen von Ort zu Ort an einigen Plätzen sehr wohl und »zu Hause« gefühlt, an anderen hingegen völlig unwohl. Dies spiegelt oft wider, ob sich der Betreffende mit den Erdenergien an den verschiedenen Orten in Einklang befindet, die ihrerseits weitgehend von der jeweiligen Zusammensetzung des Mineralreichs abhängig sind. So produzieren Gebiete mit Granitgestein, wie die wichtigsten Bergketten der Erde, große Mengen von natürlicher Radioaktivität; diese wiederum bewirkt eine größere negative Ionisation der umgebenden Luft. Menschen scheinen sich allgemein geistig klarer zu fühlen, je mehr negative Ionen sich in der Luft befinden. Vielleicht ist das der Grund, weshalb Mystiker zu allen Zeiten Berggipfel aufgesucht haben!

Noch ein weiterer Aspekt der Kristallenergien soll erwähnt werden, bevor wir uns wieder der heutigen Situation unseres Planeten im Hinblick auf die Kristalle zuwenden.

Man könnte dieses Phänomen als *Kristallkraft* bezeichnen. Kristallkraft ist eine Energie, zu der man nur mit Hilfe von Kristallen Kontakt aufnehmen kann. Dies ist eine Erweiterung der Kräfte, die den Elementarwesen der Kristalle zur Verfügung stehen. Sie wurde der Erde etwa zur gleichen Zeit fast vollständig entzogen, als auch die großen atlantischen Kristalle verschwanden, und sie blieb nur in kleinsten Mengen in der Großen Pyramide zurück. Der zweite Grund zur Erbauung der Großen Pyramide war der, einen Großen Kristall zu schaffen, der als Akkumulator für die geringen Mengen von Kristallenergie dienen sollte, die zu jener Zeit noch auf der Erde vorhanden waren. Da die ägyptische Priesterschaft darin versagte, auch nur mit diesen relativ schwachen Kräften sachgemäß umzugehen, wurden der Erde vor etwa fünftausend Jahren auch die letzten Reste von Kristallkraft entzogen.

Daher ist es ein wichtiger Aspekt des Neuen Zeitalters, daß die Erde nicht nur ihr planetares Karma erfüllt hat, sondern daß auch ein großer Teil der Macht, die den Bewohnern von Atlantis für die planetare und orbitale Arbeit zur Verfügung stand, der Erde nun zurückgegeben wird. Der Prozeß der Rückkehr mächtiger Kristalle in die Tempelzentren des Neuen Zeitalters hat schon begonnen. Die Kristallkraft beginnt heute, in die Energiestruktur der Erde zurückzufließen, und dieser Prozeß wird sich innerhalb der nächsten Jahre noch stark beschleunigen. Es wird die Aufgabe der Menschen in jenen Zentren sein, diese Energie zu kontrollieren und sachgemäß zu lenken, sobald sie wieder in das Energienetz der Erde eintritt, und sie außerdem vor Mißbrauch zu schützen. Wenn größere Mengen von Kristallkraft in die Erde zurückgekehrt sind, so werden alle Kristalle mächtiger werden, was von ihren Benutzern ein immer höheres Maß an Bewußtheit verlangt.

Wir befinden uns heute in einer Phase, die man als »Übungsperiode« für die Zeit bezeichnen könnte, in der wieder so viel Kristallkraft in die Erde eindringen wird, daß es gefährlich werden könnte, wenn sie unsachgemäß benutzt wird. Alle, die sich zur Arbeit mit Kristallen hingezogen fühlen, hören den Ruf des Planeten und den Ruf des Kosmos, wieder damit zu beginnen, diese Energie verstehen zu lernen und sie sachgemäß zu benutzen. Dieses Buch ist eine direkte Auswirkung jenes Rufs, und die, die den Wunsch verspüren, es zu lesen, antworten darauf. Die meisten, die sich zur Arbeit mit Kristallen hingezogen fühlen, haben schon vorher mit Kristallen gearbeitet, einige korrekt, andere auf unkorrekte Weise. Kristalle wurden seit dem Atlantischen Zeitalter in vielen Kulturen und Zivilisationen benutzt, und in all diesen Zivilisationen bestand immer die Möglichkeit zum richtigen Gebrauch wie auch zum Mißbrauch der Kristalle. Wenn wir hier über die Bewohner von Atlantis wie über Fremde gesprochen haben, so *sind* wir in Wahrheit doch selbst Atlantier. Nun, meine atlantischen Freunde, wie wird es wohl *diesmal* ausgehen?

Eine weitere wichtige Funktion der Kristallzentren des Neuen Zeitalters ist die bewußte Arbeit an der Wiederherstellung der Harmonie im Bereich der planetaren Energien. Das System der Ley-Linien befindet sich in einem erbarmungswürdigen Zustand, und es wird eine Menge Mühe kosten, es wieder herzurichten. Dies muß im völligen Bewußtsein der Bedürfnisse des Planeten geschehen. Wenn noch mehr Zentren des Neuen Zeitalters erstarken, sind immer wieder Anpassungen in der Energiestruktur der Erde erforderlich, und in einigen Fällen müssen völlig neue Energielinien geschaffen werden.

In diesem Zusammenhang müssen auch die Veränderungen erwähnt werden, die viele Seher voraussagen. Viele dieser Prophezeiungen beziehen sich auf Veränderungen der Landmassen, von denen einige ebenso dramatisch verlaufen sollen wie diejenigen des Atlantischen Zeitalters. Solche Veränderungen sind jedoch nur die letzte Zuflucht des Planeten, und sie werden nur eintreten, wenn es der Menschheit nicht gelingt, die notwendigen planetaren Veränderungen selbst durchzuführen. Diese Umwälzungen werden nur in der letzten Sekunde vor Zwölf stattfinden, und auch dann nur in dem Ausmaß, wie es dem Menschen nicht gelungen ist, selbst für das Wohl des Planeten zu sorgen. Die Bedürfnisse des Planeten werden in jedem Fall erfüllt, doch wäre es wesentlich angenehmer für uns, wenn wir den Planeten von

170

der Notwendigkeit befreien würden, die Ordnung selbst wiederherzustellen. Dies macht es allerdings erforderlich, das planetare Energienetz ständig neu anzupassen und wieder ins Gleichgewicht zu bringen, und auch diese Aufgabe sollen die erwähnten Kristallzentren notfalls übernehmen.

Dieses Kapitel trägt die Überschrift »Planetares Heilen«, obwohl das Wort Heilen kaum erwähnt worden ist. Halten wir uns vor Augen, daß das Heilen des Erdkörpers im Prinzip nichts anderes ist als das Heilen des menschlichen Körpers: Die Energien des Körpers werden mit dem Fluß des Universums in Harmonie gebracht. Das Ausbalancieren der planetaren Energien durch willentliche Anstrengung hat etwa den gleichen Effekt wie das Ausbalancieren der Chakras im menschlichen Körper: Wenn die Energien sich wieder im Gleichgewicht befinden, folgt die Heilung von selbst. Wenn wir die Energiestruktur der Erde verändern, zerfällt alles, was sich auf der Erde befindet und nicht Teil der neuen Energien ist, da es keine Wurzeln mehr hat. Das Alte Zeitalter wird nicht durch einen frontalen Kampf zerfallen, sondern durch Unterminierung seiner energetischen Grundlagen.

Welche Rolle genau spielt nun der einzelne Kristallbenutzer in all dem? Nicht jeder wird sich zu einem jener Kristallzentren hingezogen fühlen. Das ist auch nicht notwendig. Die harmonisierende Wirkung der neuen Energien und Kräfte, die in die Erde fließen, ist für jeden zugänglich, der sich darauf einzustimmen vermag, und jeder Mensch, dem dies gelingt, wird damit Teil des größten aller Kristallzentren – der Erde selbst.

Der Kristallbenutzer, der seiner alltäglichen Arbeit nachgeht, schafft dort Wohlbefinden und Harmonie, wo es ihm möglich ist, und dies ist immer auch ein Gewinn für unseren gesamten Planeten. Menschen, Pflanzen oder Tiere, die wir heilen, sind Teil des Energiekörpers der Erde, und jeder Bissen Essen und jeder Tropfen Wasser oder jeder Atemzug Luft, den wir segnen, mehrt das Wohlbefinden der Erde.

Wenn Sie den Erdkörper direkt heilen wollen, so benutzen Sie dazu alle Kristalltechniken, die Sie kennengelernt haben. Heilen Sie den Erdkörper so, wie Sie den physischen

Körper eines Menschen heilen würden. Sie werden wahrscheinlich nicht lange zu suchen brauchen, um Bereiche von Disharmonie zu finden, an denen Sie arbeiten können.

Die wichtigste Eigenschaft von Kristallen ist, daß sie dem Gelenkpunkt eines Hebels ähnelt. Wenn sie am richtigen Ort und zur richtigen Zeit plaziert werden, so entfalten sie eine Wirkung, die im krassen Mißverhältnis zu ihrer Größe steht. Ein alter griechischer Gelehrter sagte: »Gebt mir einen Hebel, der lang genug ist, und einen Platz, auf dem ich stehen kann, und ich werde die Erde bewegen.« Er erwähnte allerdings nicht, daß der Gelenkpunkt dieses Hebels nicht größer als eine Erbse zu sein bräuchte! Ein Beispiel hierfür erlebte ich während eines Besuchs in Ägypten. Ich wurde von meinen spirituellen Lehrern gebeten, einen kleinen, speziell geformten Kristall an einen bestimmten Kraftpunkt in einer der alten ägyptischen Pyramiden zu legen. Nachdem ich dies getan hatte und den Tempel verließ, machte ich mir Sorgen darüber, ob irgendjemand den Kristall entfernen würde. Deshalb stellte ich meinen Führern die Frage: »Wie lange muß er an dieser Stelle liegenbleiben?«

Ich erhielt die Antwort: »Wie lange dauert es, mit einem Streichholz einen Wald in Brand zu setzen?«

11

Klärung einiger Mißverständnisse

Wir werden uns nun mit verschiedenen Arten von »Kristallen« befassen, von denen einige für uns nützlich sein können, andere hingegen nicht.

Der erste davon ist eigentlich gar kein Kristall, sondern trägt nur den Namen. Gemeint ist Kristallglas, sogenannter Bleikristall. Dies ist der Name für eine bestimmte Art von Glas, das einen hohen Bleianteil hat. Dieses Glas wird für Trinkgläser, Vasen usw. verwendet. Es wird häufig auch in facettenreichen Formen geschliffen, für Schalen, Kerzenständer, sogar in Tropfenform für Kandelaber und dergleichen. Es muß betont werden, daß es sich bei diesem Material in all seinen Formen um ein *Glas* handelt. Nach der Definition ist Glas eine Substanz, die *keine* regelmäßige Struktur hat – etwa so wie steifgewordenes Gelee. Deshalb besitzt es auch keine der energieumwandelnden Eigenschaften natürlicher Kristalle. Kristallglas ist unbrauchbar für die in diesem Buch beschriebenen Zwecke, für die man natürliche Kristalle braucht.

Ebensowenig nützen dem Kristallbenutzer Flüssigkristalle. Dabei handelt es sich um halbfeste Substanzen, in denen die Moleküle der Flüssigkeit in regelmäßigen Mustern angeordnet sind. Man ist heute der Auffassung, daß ein großer Teil der Speicherkapazität des Gedächtnisses auf Flüssigkristallen beruht. Diese Kristalle sind meist von mikroskopischen Ausmaßen und generell sehr wichtig, für die von uns beabsichtigte Verwendung von Kristallen jedoch von geringem Wert.

Viele Arten von Kristallen werden heute auch künstlich gezüchtet, und die meisten davon haben die gleichen Formen und Charakteristika hinsichtlich mundaner Energie wie natürliche Kristalle. Da ein Kristall jedoch auf der feinstofflichen Ebene einen großen Teil der Energie aus der Umgebung aufnimmt, in der er gewachsen ist, sind sie für uns ebenfalls unbrauchbar. Künstliche Kristalle wachsen in einer sehr sterilen Umgebung, die sich von jeder Art von natürlicher Umgebung stark unterscheidet.

Viele dieser Kristalle werden aus Materialien und in Formen hergestellt, die in der Natur nicht zu finden sind und die daher die Gesetze der natürlichen Materie verletzen. Mit anderen Worten haben wir diese Kristalle gegen ihre eigene Natur zum Wachsen »gezwungen«. Sie können nicht mit natürlichen Energien harmonieren. Insbesondere wenn Kristalle gewaltsam gezüchtet werden, können sie sich kaum in Harmonie mit den Energien der Elementarwesen der Kristalle befinden.

In den industriellen Laboratorien werden z. B. Quarzkristalle für die elektronische Industrie, Rubinkristalle für Laser, Saphire für technische Lager und als künstliche Edelsteine, Smaragde als künstliche Edelsteine, Diamanten für industrielle Zwecke, Rutil und Granat als Diamantersatz gezüchtet. Beim gezüchteten Granat handelt es sich um einen Yttrium-Aluminium-Granat, der in der Natur nicht vorkommt. Er ist farblos, hat ein hohes Brechungsvermögen und ist einer der erwähnten »erzwungenen« Kristalle. Auch aus Silizium züchtet man Kristalle. Dabei handelt es sich um die sogenannten »Silizium-Chips«, die man in Computern verwendet. Diese Kristalle kommen in der Natur ebenfalls nicht vor. Sie sind eine Quelle der Verwirrung für viele, die schlecht informiert über die esoterischen Eigenschaften von Kristallen schreiben, denn sie werden häufig mit Quarz verwechselt. Doch Quarz ist ein Siliziumdioxid und besitzt keine der besonderen elektrischen Eigenschaften des reinen Metalls Silizium. Während der Entstehung dieses Buches ist es Wissenschaftlern der Sowjetunion erstmals gelungen, Siliziumkristalle in einem Weltraumlaboratorium unter der Bedingung der Schwerelosigkeit zu züchten, wodurch extrem reine Kristalle entstehen – wenn man ein solches beeinflußtes Wachstum überhaupt als rein bezeichnen kann.

Dies bedeutet nicht, daß hier die Ansicht vertreten werden soll, in Laboratorien gezüchtete Kristalle seien vollkommen wertlos, da es durchaus möglich ist, Kristalle in Übereinstimmung und in Harmonie mit dem Elementarwesen des Kristalls für ganz bestimmte Zwecke zu züchten. Ein Kristall verkörpert in seiner Form einen großen Teil der Energie der Umgebung, in der er gewachsen ist. Stellen Sie sich also vor, daß ein Quarzkristall heranwächst, während eine Gruppe von Menschen ständig reine Liebe in den Kristall hineinlenkt! Oder eine Gruppe von Menschen lenkt reine Christusenergie in einen Kristall, während er wächst. Die Implikationen dieses Gedankens sind sehr weitreichend und bis heute weitgehend unerforscht. Im 13. Kapitel wird erklärt, wie Sie bestimmte Arten von Kristallen in Ihrer Wohnung züchten können. Versuchen Sie einmal, selbst ein paar Kristalle zu züchten, und beobachten Sie, was geschieht. Dieses Experiment verlangt natürlich eine gewisse Hingabe, weil es mehrere Wochen dauert, einen Kristall von 2,5 cm Durchmesser oder mehr zu züchten. Man kann aber derartige Kristalle auch in Gegenwart natürlicher Kristalle züchten, die dahingehend programmiert worden sind, den neu heranwachsenden Kristall während seines Wachsens mit Energien zu »füttern«.

Bis jetzt haben wir nur über Kristalle gesprochen, die aus sogenannter fester Materie bestehen. Es gibt jedoch eine andere Art von Kristallen, die aus keinerlei Materie besteht. Denken Sie einen Augenblick lang nach, was einen Kristall in erster Linie ausmacht. Es handelt sich um eine Gruppe von Atomen, die in einem regelmäßigen und sich wiederholenden Muster angeordnet sind und durch die atomaren Kräfte, die zwischen den einzelnen Atomen agieren, in einer festen Position gehalten werden. Aber was ist ein Atom? Wir haben festgestellt, daß ein Atom im wesentlichen aus leerem Raum besteht, der durch Energie zusammengehalten wird. Und die winzigen subatomaren Partikel scheinen aus reiner Energie zu bestehen. Was ist dann ein Kristall anderes als Energie, die von anderer Energie in einer festen Form gehalten wird! Wenn wir es aber ohnehin mit Objekten zu tun haben, die ausschließlich aus Energie bestehen, können wir den Zustand der Materie auch gleich überspringen und nur mit reiner Energie arbeiten.

Genau das hat die Menschheit seit Jahrtausenden getan, nur haben wir vergessen, was wir da in Wirklichkeit bauen. Das Mittel, mit dessen Hilfe wir diese Kristalle aus Energie bauen, wird Ritual genannt. In einem Ritual wird eine Energieform geschaffen, die durch ihre willensbedingte Entstehung und ihre sich wiederholende Struktur zu einem Energiekristall wird. In diesem Wissen und mit unserer erweiterten inneren Bewußtheit können wir solche Energiekristalle aufbauen, indem wir direkt mit den Energien arbeiten, und mit Hilfe der Intuition erkennen, was wir da bauen, anstatt lediglich geistlos ein Ritual zu wiederholen. Mit anderen Worten, befreien wir uns vom Ritual, *arbeiten wir mit den Energien.*

Was Kristalle nicht sind

Man könnte ein ganzes Buch mit den Mißverständnissen füllen, die über Kristalle kursieren, und viele Autoren haben das unabsichtlich schon getan. Die meisten dieser Autoren sind sehr wohlmeinend, oft auch sehr redegewandt, aber leider sehr schlecht über die meisten grundlegenden Eigenschaften von Kristallen informiert.

Die meisten Mißverständnisse beziehen sich auf den piezoelektrischen Effekt. Wie schon besprochen, wird dieser Effekt durch das Entfernen der Elektronen von den äußersten atomaren Schalen erzeugt, wenn ein Kristall einem Druck ausgesetzt wird. Dieser Effekt wird meist mißverstanden: Man stellt sich den Kristall als eine Art Schwamm vor, in dem man riesige Mengen von Elektrizität speichern kann, um sie dann später je nach Bedarf wieder herauszudrücken.

Wenn wir das Phänomen des Energiegleichgewichts innerhalb von Kristallen verstanden haben, müssen wir auch die Unsinnigkeit einer solchen Vorstellung erkennen. Ein Kristall gibt in veränderter Form genau die Energiemenge ab, die hineingegeben wird, und zwar praktisch im gleichen Augenblick.

Ebensowenig vermögen Kristalle Licht zu speichern. Auch wandeln natürlich gewachsene Kristalle kein Licht in Elektrizität um – ein Mißverständnis, das durch die künstlichen Kristalle des Metalls Silizium entstanden ist, die in der Natur nicht vorkommen und oft mit Quarz verwechselt werden (Quarz besteht aus Silizium und Sauerstoff, Siliziumdioxid).

Ein weiterer Bereich für Mißverständnisse, insbesondere im Zusammenhang mit Quarz, ist die Rolle, die Kristalle in der Elektronik spielen. Die Tatsache, daß sie in Radio-Sendern und -Empfängern benutzt werden, bedeutet noch nicht, daß sie Verstärker, Sender usw. *sind*. Wie im 7. Kapitel besprochen, schwingt ein Quarzkristall in einer bestimmten Frequenz, wenn man Elektrizität in Scheiben dieses Kristalls leitet. Von dieser Fähigkeit, die Schwingungsfrequenz zu kontrollieren, macht man in der Elektronik Gebrauch. Aber das ist auch schon alles, wozu diese Quarzkristalle dienen, und somit sind sie nur ein kleiner Teil im Gesamtsystem des Senders oder Verstärkers. Deshalb werden wir in der Geschichte des Altertums auch wohl kaum Höhlenmenschen oder ägyptische Priester finden, die einander mit Hilfe von Quarzkristallen Funkbotschaften übermittelten. Einige Autoren scheinen zu glauben, daß man sich nur einen Kristall ins Ohr zu stecken braucht und dann Peru anrufen kann! Dennoch können Kristalle als telepathische Werkzeuge von Nutzen sein, wie im 7. Kapitel besprochen wurde. Aber keinesfalls führt der Kristall selbst die Übertragung durch.

In einigen Publikationen wird die Ansicht vertreten, daß die Erde selbst ein Kristall sei, der auf der geometrischen Form eines Ikosaeders in Kombination mit einem Dodekaeder basiere. Man hat verschiedene Schnittpunkte von angeblichen Oberflächen und Kristallkanten auf der Erdoberfläche entdeckt, und anschließend versucht, archäologische Bestätigung für bestimmte Vorgänge entlang dieser Linien zu finden.

Unglücklicherweise wird bei dieser Theorie nicht berücksichtigt, daß die Erdoberfläche größtenteils mit Wasser bedeckt ist und viele dieser Punkte in den Meeren liegen und viele der Linien die Meere überqueren. Die archäologischen

Artefakte, die hierbei als Konzentrationspunkte bezeichnet werden, sind oft über mehr als drei oder vierhundert Quadratmeilen verteilt, sind also keineswegs Punkte. Außerdem werden auch noch die grundlegendsten Eigenschaften von Kristallen vollständig ignoriert – daß sie eine präzise innere Struktur und eine präzise äußere Symmetrie aufweisen. Ein rascher Blick auf den Globus oder auf eine Weltkarte wird dem Leser zeigen, wie symmetrisch die Erde tatsächlich ist! Selbst bei Bevorzugung anderer Kriterien wie Größe, Gestalt und Verteilung der Kontinentalplatten, würde sich ebenfalls herausstellen, daß die Erde alles andere als symmetrisch ist.

Nachdem einige der grundlegendsten Mißverständnisse über Kristalle angesprochen worden sind, sollten wir uns noch einige der Schlußfolgerungen ansehen, die aus den erwähnten Fehlvorstellungen abgeleitet wurden.

Eine direkte Folge all der Irrtümer bezüglich des Verhaltens von Quarzkristallen unter Druck ist die ganze Serie von Mißverständnissen darüber, wie quarzhaltiges Gestein sich unter Druck verhält. Meistens wird als Beispiel das Gestein Granit angeführt, das in einigen Fällen bis zu fünfzig Prozent Quarz enthält. Da Quarzkristalle eine momentane elektrische Ladung abgeben, wenn man sie kurzzeitigem Druck aussetzt, wird gefolgert, daß die Quarzkörner im Granit sich ebenso verhalten müßten. Dabei werden zwei wichtige Tatsachen außer acht gelassen. Erstens sind die energetischen Eigenschaften einzelner Kristalle in der Natur in hohem Maße richtungsabhängig; d.h. wenn Kräfte nicht in einer ganz bestimmten Richtung wirken, geschieht gar nichts. Das zweite und wichtigste Gegenargument jedoch ist, daß die Quarzkristalle im Granit nicht wohlgeformt sind. Sie sind fast zufällig angeordnet, das heißt, die Kristallisationsachsen weisen praktisch in jede denkbare Richtung. In einem Granitblock, der zum Bauen verwendet wird, wie etwa in der Königskammer und bei den Deckenverstärkungen in der Großen Pyramide, sind die Druckkräfte stark gerichtet und stehen in Relation zur Gesteinsmenge, die auf ihm lastet. Es wäre tatsächlich äußerst erstaunlich, wenn auch nur ein Prozent der Quarzkörner im Granit (und man bedenke, daß es sich dabei nicht um *Kristalle* handelt) sich so sehr der Druckrichtung annähern würden, daß sie auch nur die geringste Chance hätten, eine elektrische Ladung zu erzeugen. Und sobald sich dieser Druck einmal stabilisiert hat, wird ohnehin keine elektrische Energie mehr abgegeben. Sobald die Energien sich wieder im Gleichgewicht befinden (als der letzte Block auf die Pyramide gesetzt war), passiert weiter nichts mehr.

In einigen Büchern wird behauptet, der Deckenblock in der Großen Pyramide wirke auf Grund seiner Plazierung als Kondensator oder Gleichrichter; angeblich soll er über Kupferdrähte mit der Außenseite der Pyramide verbunden gewesen sein. Leider gibt es jedoch keinerlei archäologische Anhaltspunkte für diese Ansicht.

Es sollte hier auch darauf hingewiesen werden, daß quarzhaltiges Gestein wie etwa Granit von den meisten Autoren nur außerhalb seiner natürlichen Umgebung, nämlich in seiner Form als Baumaterial betrachtet wird. Diese quarzhaltigen Bausteine sollen angeblich bestimmte energetische Eigenschaften entwickeln, die proportional zu der Gesteinsmenge sind, die auf ihnen lagert. Wenn aber schon Bausteine so gewaltige energetische Eigenschaften besitzen sollen, warum befassen wir uns dann nicht gleich dort mit diesem Material, wo der *größte* Kompressionsdruck auf Quarzgestein lastet – nämlich in den Bergen! Dort haben wir es nicht nur wie in den Pyramiden mit schätzungsweise dreihundert Meter hohem Gestein auf den Granitblöcken zu tun, sondern *Tausende* von Metern Gestein lagern auf dem Granit. Nach der Logik jener Autoren müßte in diesem Fall das quarzhaltige Gestein riesige Mengen von Elektrizität produzieren, etwa so wie ein Kraftwerk! Geologische Forschungen beweisen, daß dies nicht der Fall ist. Zwar sind im Umkreis verschiedener Gesteinsarten eindeutige Veränderungen des magnetischen Feldes und des Gravitationsfeldes zu erkennen, aber diese Veränderungen sind so minimal, daß man äußerst sensible Meßinstrumente braucht, um sie überhaupt feststellen zu können.

Sicherlich wurden die Materialien der Großen Pyramide sehr sorgfältig ausgewählt, jedoch nicht zu dem Zweck, riesige Mengen an elektrischer Energie zu erzeugen. Die Pyramidenform selbst weist äußerst bemerkenswerte energetische Eigenschaften auf, doch handelt es sich dabei um feinstoffliche Energien, nicht aber um die mundanen Energien der Mechanik und der Elektrizität.

Bezüglich der Steinkreise ist zu sagen, daß die Steine, aus denen diese bestehen, auf Grund ihrer allgemeinen Eigenschaften sehr sorgfältig ausgewählt wurden, und daß sie sicherlich örtliche Störungen oder Ansammlungen von verschiedenen Arten von Energie verursachen. Viele Autoren bestehen jedoch darauf, diese Wirkungen der Piezoelektrizität zuzuschreiben, die nach ihrer Meinung in vielen Fällen auf unterirdische Wasserströme zurückzuführen ist, die die Fundamente des Gesteins beeinflussen. Hier gibt es zwei Arten schwerwiegender Mißverständnisse – die erstere bezieht sich auf die Natur der unterirdischen Wasserströme, die zweite betrifft die Natur des hydrostatischen Effekts (Wasserdruck).

Man scheint anzunehmen, daß unterirdische Wasserströme mit Flüssen oder Strömen auf der Erdoberfläche vergleichbar sind – daß dabei größere Mengen von Wasser durch Höhlungen im darunterliegenden Gestein fließen. Obgleich dies in sehr seltenen Fällen in Höhlensystemen tatsächlich vorkommt, ist die Wahrscheinlichkeit fast gleich Null, daß dies jemals irgendwo in der Nähe eines Steinkreises der Fall ist und insbesondere dort, wo die Fundamente des Gesteins in das Wasser ragen. Fast alles Gestein ist leicht porös, das heißt, es ähnelt einem Schwamm, da sich zwischen den verschiedenen Partikeln, aus denen das Gestein besteht, winzige Hohlräume befinden. Diese Poren sind am größten in sedimentärem Gestein. Sandstein ist hierfür ein typisches Beispiel. Das Wasser fließt außerdem auch durch Sand und Kiese, die sich noch nicht zu Gestein verfestigt haben. Doch übersteigt der poröse Raum im Gestein selten zehn bis fünfzehn Prozent des Gesamtvolumens, und die Poren selbst erreichen selten die Größe eines halben Stecknadelkopfes. Somit handelt es sich bei unterirdischen Wasserströmen nicht um einen riesigen Strom, sondern um ein allmähliches Sickern des Wassers von einer Pore in die nächste. Sogar beim relativ stark porösen Kies in nicht verfestigtem Material liegt die Fließgeschwindigkeit niemals höher als ein oder zwei Meter pro Tag! Ebensowenig strömen solche unterirdischen Ströme wie Oberflächenströme in einem schmalen Band. Unterirdische Wasserströme gleichen eher Wasserflächen, die manchmal auf einer Breite von vielen Kilometern in die gleiche Richtung strömen.

Es wird auch behauptet, daß der tiefliegendste Teil des unterirdischen Gesteins durch das Grundwasser hohem Druck ausgesetzt wird. Nur wenige Autoren scheinen die Ausgrabungsberichte über Steinkreise wie Stonehenge und Avebury gelesen zu haben, denn nur in wenigen Fällen befindet sich die Basis des verwendeten Gesteins in nennenswertem Maße unterhalb des Grundwasserspiegels (das ist der höchste Stand, bis zu dem das Grundwasser ansteigt). Hydrostatischer Druck steigt mit zunehmender Wassertiefe, und es wären Tiefen von vielen Metern erforderlich, um einen signifikanten Druck zu erzeugen. (Sie können dies selbst nachprüfen, wenn Sie das nächste Mal im Schwimmbad sind: Tauchen Sie an die tiefste Stelle, nehmen wir an, zwei Meter tief, und stellen Sie fest, ob Sie durch den Druck zerdrückt werden.)

Im Hinblick auf die äußeren Formen der Kristalle ist zu sagen, daß zwischen der Form eines Kristalls und der statischen Elektrizität definitiv eine Beziehung besteht, da statische Elektrizität die Tendenz hat, sich an den Spitzen und Kanten des Kristalls zu sammeln. Leider muß denen, die versuchen, daraus Schlußfolgerungen abzuleiten, gesagt werden, daß sich statische Elektrizität auch an den Spitzen und Kanten aller anderen Gegenstände sammelt! Ob es sich dabei um die Spitze eines Stiftes, die Schwanzspitze einer Katze, die Spitze eines Hauses oder eines Kirchturmes oder sogar um die Ecke eines Bilderrahmens handelt, in jedem dieser Fälle kommt es zu einer Ansammlung von statischer Elektrizität. Dies ist insbesondere in trockenem Klima der Fall, wenn beispielsweise zwei Menschen auf einem Langhaarteppich aufeinander zugehen, um einander zu küssen – dabei kann es zu einem Blitz statischer Elektrizität von einem halben Zentimeter Länge oder mehr kommen, wenn sie sich einander nähern – oft an Körperstellen, wo dies ziemlich unangenehm ist!

Wenn die äußere Form tatsächlich die Rolle spielt, die man ihr beimißt, so könnten wir ebensogut Quarzkristalle aus Holzblöcken herausschneiden (oder zumindest Blöcke in der Form von Quarzkristallen), und davon ausgehen, daß sie sich genau wie natürliche Kristalle verhalten. Offensichtlich ist dies nicht der Fall.

Einigen Autoren mangelt es jedoch nicht nur an Verständnis im Bereich der Geologie und Mineralogie, sondern auch an Kenntnissen über die grundlegendsten Methoden des Edelsteinschleifens. Hier sind beispielsweise gewisse recht merkwürdige Interpretationen jener Kristallschädel gemeint, die man in Lateinamerika gefunden hat.

Die betreffenden Autoren sehen diese Schädel nicht im Zusammenhang einer Kultur, die in der Bearbeitung von Gestein sehr erfahren war. Insbesondere wird übersehen, daß die gleichen Kulturen, die jene Schädel produzierten, komplizierte Bildwerke aus Jade schufen, die vom Standpunkt der Edelsteinschleiferei gesehen technisch ebenso komplex und ebenso schwierig auszuführen waren wie die Kristallschädel. Jeder Amateurschleifer weiß, daß Jade wesentlich mühsamer zu gestalten und zu schneiden ist als ein Quarzkristall.

Die Autoren jener Bücher und sogar die »Wissenschaftler«, die die Schädel in Laboratorien untersucht haben, scheinen sehr laienhafte Vorstellungen über die Methoden der Edelsteinbearbeitung zu haben. Der Nichtfachmann hat gewöhnlich das Bild eines kleinen alten Mannes vor Augen, der mühsam mit Hammer und Meißel einen Stein zu spalten versucht und dann vor Schreck in Ohnmacht fällt, wenn der Stein in zwei gleiche Teile zerbricht! Tatsächlich jedoch findet diese Methode nur *sehr* selten Anwendung. Außer großen Diamanten, bei denen dies zu lange dauern würde, wird fast jede Art von Stein einfach in die gewünschte Form zersägt. Hierzu verwendet man zunächst ein diamantengehärtetes Sägeblatt und schleift anschließend die endgültige Form mit Hilfe von einander überlappenden Scheiben.

Dieses Mißverständnis jedoch ist der Grund, weshalb die

Forscher darüber »staunen«, daß die erwähnten Kristallschädel nicht an den kristallographischen Achsen ausgerichtet
sind, was der Fall sein müßte, wenn sie durch Zerspalten
entstanden wären anstatt durch die üblichen Bearbeitungs-
methoden. Quarz hat *keine Spaltbarkeit,* deshalb zerbricht er
nicht (wie die besagten Forscher glauben) wenn bei der
Bearbeitung nicht sehr präzise Methoden angewandt werden. Es wäre eher erstaunlich, *wenn* die Schädel an den
kristallographischen Achsen ausgerichtet wären.

Die Forscher sind außerdem der Überzeugung, daß keine
Metallwerkzeuge gebraucht worden sein können, da keine
Anzeichen zu finden seien, die darauf hindeuten. Als profes-
sioneller Edelsteinschleifer würde es mich sehr interessieren,
nach welcher Art von Zeichen man Ausschau gehalten hat,
um die Verwendung von Metallwerkzeugen nachzuweisen.
Wenn ein Stein sachgemäß geschliffen ist, sollte auch nicht
der geringste Hinweis zu entdecken sein, daß überhaupt
irgendwelche Werkzeuge verwendet wurden. Aus dem Fehlen
solcher Anzeichen schließen die Forscher weiterhin, daß die
Kristallschädel unter Verwendung von Diamanten in die
Kristalle gemeißelt sein müßten! Diamanten jedoch sind zwar
hart, aber sie sind auch sehr brüchig. Sie zerbrechen, sobald
sie einem zu harten Schlag ausgesetzt werden. Selbst wenn
keine Metalle verfügbar waren (was wahrscheinlich ist),
Sandbohrer waren mit Sicherheit vorhanden. Noch heute
benutzen primitive Völker auf der ganzen Welt den Sandbohrer, um Löcher und Ornamente in Perlen zu bohren.
Dazu wird ein Bogenbohrer verwendet, dessen »Bohrspitze«
oft aus nichts weiter als einer Kaktusnadel besteht. Der Stein
wird an der Stelle, wo der Bohrer eindringen soll, mit einem
Brei aus feinem Schlamm oder Sand geschmiert. Da Quarz
im Vergleich zu Jade mit Hilfe dieser Methode sehr leicht
abzuschleifen ist, liegt es nahe, daß Werkzeuge dieser Art
hergestellt wurden, um größere Stücke zu gestalten und zu
schleifen. Bei Vorhandensein bestimmter Arten von Hart-
hölzern und feuergehärtetem Bambus wären Metalle völlig
unnötig gewesen.

Die Rohgestaltung jener Schädel wäre teilweise durch
Sägen oder allmähliches Abmeißeln kleiner Stücke vom Kri-

stall entstanden. Diese Technik wurde in Japan bis in unser Jahrhundert hinein benutzt, um Kristallkugeln aus Quarz herzustellen. Das zum Sägen verwendete Werkzeug war eine Schlammsäge, die ebenfalls ein modernes Äquivalent hat. Bei diesem Werkzeug wird ein Draht (oder eine Hanffaser oder bei der alten Variante dieses Werkzeugs ein Stück feuergehärteter Bambus) immer wieder über den Stein gezogen, wobei oft ein Bogen dazu dient, den Draht strammzuhalten. Entlang der Schnittstelle wird feiner Schlamm verteilt. Diese Technik wird auch heute noch in Alaska angewendet, doch verwendet man dort zum Sägen riesiger Jadeblöcke statt der Hanffasern eine große Metallklinge.

Manche Autoren sind der Meinung, daß ein Mensch ungefähr dreihundert Jahre gebraucht haben muß, einen dieser Kristallschädel herzustellen. Tatsächlich wäre es eher verwunderlich, wenn zwei Männer dafür mehr als zwei Jahre gebraucht hätten. Es gibt heute auf der ganzen Welt viele Edelsteinschleifer, die einen ähnlichen Schädel in etwa dieser Zeitspanne herstellen könnten, und zwar unter Benutzung von Techniken, wie sie auch vor fünfhundert oder tausend Jahren zur Verfügung standen.

Noch bemerkenswerter als die Kristallschädel sind die Zylindersiegel, die mehrere tausend Jahre vor der Entstehung jener Schädel in Mesopotamien hergestellt wurden. Diese Zylindersiegel sind sehr kompliziert geschnitten; man braucht ein Vergrößerungsglas, um alle Details zu erkennen. Warum ist es für uns so schwer zu begreifen, daß die sogenannten Primitiven schon einiges über die Bearbeitung von Steinen wußten?

Was die Verwendung jener Schädel betrifft, so braucht man nur einen Blick auf die Kulturen zu werfen, in denen sie entstanden sind. Orakelwerkzeuge wie »sprechende« Götzen waren dort sehr verbreitet, und gewöhnlich wurde dabei durch ein Loch im Mund des Götzenbildes gesprochen. Der Priester stand unsichtbar hinter dem Götzen und verkündete durch den Mund desselben der versammelten Volksmenge »Prophezeiungen«. Der einzige jener Kristallschädel, der einen beweglichen Kiefer hat, weist kleine Löcher an beiden Seiten des Kiefers auf, an denen einst eindeutig Drähte befestigt waren. Es besteht kein Grund zu der Annahme, daß dieser Schädel für etwas anderes als für Wahrsagezwecke benutzt wurde. Da der Form des menschlichen Schädels in jenen frühen Zivilisationen eine besondere Wertschätzung und sogar Ehrfurcht entgegengebracht wurde (wie es auch heute noch in unserer eigenen Kultur der Fall ist), kann man sich leicht die Wirkung eines solchen »sprechenden« Schädels vorstellen, insbesondere, wenn er von unten beleuchtet wird, wozu diese Schädel offenbar gedacht waren.

Viele übersinnliche Phänomene sollen sich in der Nähe dieser Schädel ereignet haben, doch das sollte niemanden überraschen. Man bedenke, daß es sich hier abgesehen von der Form immer noch um einen Quarzkristall handelt, der somit all die verschiedenen Formen der Energieumwandlung durchführt, die für einen solchen Kristall charakteristisch sind. Da die Schädelform selbst auch in unserer »modernen« Kultur noch immer sehr stark emotional besetzt ist, erzeugt ein Mensch, der sich in der Gegenwart eines solchen Objektes befindet, bedeutend größere Mengen von emotionaler Energie, als er dies gewöhnlich tut.

Ich möchte nun kurz auf die sogenannte Pyramide eingehen, die in der Nähe der Bahamas auf dem Grund des Ozeans »entdeckt« wurde. Es ist nicht nötig, hier die ganze Geschichte wiederzugeben. Jedenfalls war das einzige Beweisstück, das der Entdecker zu Tage fördern konnte, unglücklicherweise eine 12,5 cm große Quarzkristallkugel. Ausgerechnet eine solche Kugel soll die Wahrheit dieser Geschichte erhärten! Wo doch allgemein bekannt ist, daß Quarzkristallkugeln dieser Größe in Edelsteinläden in jeder größeren Stadt auf der ganzen Welt zu kaufen sind und sogar Amateur-Edelsteinschleifer solche Kugeln herstellen können. Ich selbst habe einige produziert.

Zum Thema Kristallkugeln ist noch zu sagen, daß ein Autor behauptet hat, diese seien ungeeignet zum Heilen. Wenn man voraussetzt, daß die Kugel aus natürlichem Kristall und nicht aus Glas besteht, so ist dies eine gewagte Behauptung. Man erinnere sich daran, daß die energetische Wirkung von Kristallen auf *innere Effekte* zurückzuführen ist und praktisch nichts mit der *äußeren* Form zu tun hat. Ich selbst habe vor kurzem für einen Heiler eine Kugel aus Amethyst geschliffen, und die Erfolge, die er nach eigenen Aussagen damit erzielt, sollen ausgezeichnet sein.

Einige »Lehrer« auf der ganzen Welt »materialisieren« für ihre Schüler Edelsteine scheinbar aus der Luft. Zunächst einmal ist zu sagen, das jeder halbwegs fähige Fernsehmagier (oder genauer gesagt Illusionist) das Gleiche zu tun vermag. In Las Vegas materialisiert ein Illusionist sogar lebende Tiger auf der Bühne. Allerdings behauptet ein Illusionist nicht, er sei ein spiritueller Messias.

Noch aufschlußreicher sind die Edelsteine selbst. Ich hatte die Gelegenheit, einige dieser Steine zu untersuchen, und es gibt ein paar merkwürdige Dinge über sie zu berichten. Die »Edelsteine« eines dieser »Erlöser« sind alle in Form berühmter Diamanten geschnitten – aber sie sind keine Diamanten. Solche Diamantnachahmungen sind auf dem kommerziellen Markt leicht erhältlich. Sie sind gewöhnlich aus Quarz hergestellt, und im besagten Fall handelte es sich auch tatsächlich um Quarz. Ein anderer »Edelstein« war eine Nachahmung des blauen Hope-Diamanten, tatsächlich bestand er aus synthetischem Saphir.

12

Übungen für Kristall-
Workshops

Auf der Grundlage der Erfahrungen, die in vielen Kristall-Workshops gewonnen wurden, hat man Techniken entwickelt, die dem sensiblen, aber skeptischen Menschen eindeutig demonstrieren, daß er die Energien der Mineralien deutlich wahrnehmen kann. In einigen Teilen der Welt wird Erdkunde, Geologie und Mineralogie überhaupt nicht in den Schulen gelehrt. Deshalb haben viele Workshopteilnehmer praktisch keinerlei Kenntnisse auf diesen Gebieten. Das kann von Vorteil sein, da in diesem Fall natürlich auch keine vorgefaßten Meinungen zu überwinden sind.

Die Teilnehmer werden oft zu Beginn des Workshops gefragt, ob sie das Gefühl haben, mit einer besonderen Sensibilität für die Energien von Kristallen ausgestattet zu sein, oder, was noch wichtiger ist, ob sie glauben, *keine* solche Sensibilität zu besitzen. Gewöhnlich hat etwa die Hälfte der Gruppe das Gefühl, über keinerlei Wahrnehmungsfähigkeit gegenüber dem Mineralreich zu verfügen. Am Ende der ersten in diesem Kapitel beschriebenen Übung befinden sich meist nur noch einer oder höchstens zwei Teilnehmer in der Gruppe der sogenannten »Unsensiblen«. Aus einer Gruppe von zwanzig Personen (dies ist die übliche Größe meiner Workshopgruppen), zeigen gewöhnlich mindestens neunzehn eindeutige Anzeichen von Sensibilität, oft zu ihrer eigenen Überraschung.

Die beschriebenen Übungen sind schon mit zwei Personen durchführbar. Besser ist es jedoch, sie in einer größeren Gruppe von möglichst fünf oder sechs Teilnehmern, am besten sogar von etwa zwanzig einzusetzen. Außerdem sind natürlich Kristalle erforderlich. Es ist nicht zu empfehlen, bei diesen Übungen persönliche Kristalle zu verwenden, weil sie zum Teil auch mit anderen Gruppenmitgliedern in Berührung kommen. Da die Energien des jeweiligen Benutzers in einen solchen persönlichen Kristall eingeprägt werden, würden außerdem andere Gruppenteilnehmer, die mit ihm arbeiten, unzutreffende Energiewahrnehmungen haben.

Es scheint eine unendliche Anzahl von Varianten zu geben, wie die Energien erfahren werden, und keine davon ist »falsch« oder »richtig«. Einige Menschen sehen Bilder, einige sehen Farben, manche empfinden die Kristalle als schwer oder leicht, andere fühlen Schwingungen oder vielleicht sogar physischen Schmerz, einige erleben Hitze- oder Kältegefühle, manche hören Töne, und gelegentlich werden auch Gerüche wahrgenommen. Wenn Sie also einen Workshop leiten oder an einem teilnehmen, so sollten Sie immer vor Augen haben und alle Beteiligten darauf hinweisen, daß sie jeglichen Erlebnissen gegenüber völlig offen sein und nichts als unsinnig abtun sollten.

Bei allen Übungen ist es hilfreich, wenn die Teilnehmer die Gelegenheit erhalten, ihre Erlebnisse einander mitzuteilen. Dabei wird sogleich klar, daß bei all diesen Übungen die Erlebnisse individuell sehr verschieden sind. Wenn beispielsweise jemand einen bestimmten Kristall als schwer und heiß erlebt, so erlebt ihn der nächste als leicht und luftig und als sehr kühl. Bei der Durchführung dieser Übungen wird auch sofort klar (insbesondere, wenn eine größere Gruppe daran teilnimmt), wie sinnlos es ist, bestimmte Kristalle bei bestimmten Leiden zu verschreiben, wie es die meisten »Kristallbücher« tun. Im einen Fall kann dies einem Menschen helfen, in einem anderen kann es die Situation sogar verschlimmern. Innerhalb einer großen Gruppe kommt es erstaunlich häufig zu genau entgegengesetzten Reaktionen auf einen bestimmten Kristall.

Da die Energien des Planeten Erde sich um so mehr verwandeln, je stärker die Energien des Neuen Zeitalters werden, verändern sich auch die Reaktionen der Kristalle. Deshalb können sie uns nur dann weiterhin sachgemäß als spirituelle Werkzeuge dienen, wenn wir ständig unsere Reaktionen überprüfen.

Vergleichsübung

Diese erste Übung soll noch keine spezifischen Informationen über die Energien verschiedener Kristalle geben, sondern dem Teilnehmer demonstrieren, daß er tatsächlich Kristallenergien gegenüber sensibel ist.

Zu Beginn der Übung sitzt die Gruppe in einem Kreis, ohne sich zu berühren. Die Augen sind geschlossen, eine Hand ist geöffnet und die Handfläche nach oben gerichtet, um damit vom Leiter einen Kristall zu empfangen.

Bei den meisten Übungen dieses Kapitels sollte man die Augen schließen, um die Informationsmenge einzuschränken, die die gewöhnlichen Sinnesorgane empfangen. Da Kristalle geruch- und geschmacklos sind (zumindest bei *dieser* Art von Experiment!), ist der einzige sensorische Eindruck, den der Teilnehmer empfängt, derjenige der Berührung. Bleiben die Handflächen nach dem Empfangen des Kristalls geöffnet, so ist sogar dieser Sinneseindruck begrenzt. Die Teilnehmer werden dazu angehalten, den allerersten Eindruck zu registrieren, wenn der Kristall in ihre Hand gelegt wird, da dieser erste Eindruck ihre intuitive Reaktion auf den Kristall darstellt. Fast 95 Prozent der gewöhnlichen sensorischen Eindrücke der denkenden Gehirnhälfte sind so eliminiert; dadurch hat der Teilnehmer die größtmögliche Freiheit, seine eigenen inneren Reaktionen auf den Kristall zu erleben.

Eine bestimmte Folge von Kristallen hat sich bei diesem Vergleich bewährt – wobei noch einmal betont werden soll, daß der Sinn der Übung darin liegt, den *Unterschied* zwischen den verschiedenen Energien der einzelnen Kristalle zu fühlen, nicht so sehr die einzelnen Reaktionen auf diese Energien.

Es ist auch wichtig, in welche Hand der Kristall gelegt wird, da die Energien der rechten und linken Hand stark voneinander abweichen. Deshalb muß ein Linkshänder die Instruktionen umkehren: Wenn der Kristall nach der Beschreibung in der rechten Hand gehalten werden soll, so muß er ihn in der linken halten.

Zu Beginn der Übung legt man gewöhnlich einen Bergkristall (die farblose Varietät des Quarzes) in die rechte Hand jedes Teilnehmers – einen Kristall pro Teilnehmer. Am besten teilt der Leiter der Gruppe nicht mit, welche Art von Kristall sie empfangen wird, damit sie so wenig Information wie möglich erhält und sich wirklich ausschließlich ihrer Intuition überläßt. Nachdem alle Kristalle ausgehändigt worden sind und auch der letzte Empfänger etwa fünf bis zehn Sekunden Zeit gehabt hat, um die Energien zu fühlen, bittet der Gruppenleiter die Teilnehmer, über ihre Reaktionen zu sprechen.

Die Teilnehmer sollten ihre Augen geschlossen halten, bis dieser Erfahrungsaustausch beendet ist, da Farbwahrnehmungen und Wahrnehmungen von Formen und Gewicht oft den tatsächlichen Gegebenheiten des Kristalls, den der Betreffende hält, genau entgegengesetzt sind. Danach kann jeder die Augen öffnen und den Kristall in seiner Hand betrachten.

Anschließend werden die Gruppenmitglieder gebeten, ihre Augen wieder zu schließen und den Kristall in die linke Hand zu legen, um zu beobachten, ob sich dies anders anfühlt. Danach sollten die Reaktionen wieder in der Gruppe besprochen werden.

Die Teilnehmer halten den Bergkristall weiterhin in der linken Hand und werden gebeten, ihre Augen erneut zu schließen. Der Gruppenleiter legt nun einen Amethystkristall in die rechte Hand jedes Teilnehmers. Wie zuvor sollen auch diesmal wieder die Reaktionen registriert werden. Dann werden die Teilnehmer gebeten, den Bergkristall auf den Boden zu legen und den Amethyst in die linke Hand zu nehmen. Wieder werden die Augen geschlossen und die Eindrücke ausgetauscht.

Der Amethyst bleibt dann in der linken Hand und wird mit anderen Arten von Kristallen verglichen. Dabei kann es sich um Granat, Topas, Kalzit und Fluorit (Flußspat) oder auch um andere verfügbare Kristalle handeln. Turmalin- und Aquamarinkristalle sollten bis zuletzt aufgehoben werden. Der Turmalin wird mit dem Amethyst verglichen. Anschließend wird der Amethyst auf den Boden gelegt, der Turmalin in die linke Hand genommen und – falls vorhanden – mit einem Aquamarin verglichen. Dieser Vergleich ist oft sehr ausdrucksstark.

Einige Zeit, nachdem der Amethyst in die linke Hand genommen wurde und die Gruppenteilnehmer erneut die Augen geschlossen haben, sollte ein zweiter Amethystkristall in die rechte Hand jedes Teilnehmers gelegt werden. Dies vermittelt einen aufregenden Eindruck davon, welch verschiedene Empfindungen zwei verschiedene Kristalle des gleichen Minerals auslösen können, was ebenfalls der Vorstellung widerspricht, man könne bestimmte Kristalle zur Heilung bestimmter Krankheiten einsetzen.

Diese Übung läßt sich auch zu zweit durchführen, eine Person gibt einer anderen die Kristalle. Doch macht die Sache mit mehreren erheblich mehr Spaß, insbesondere wenn alle über vollkommen entgegengesetzte Erfahrungen berichten. Treten bei einem bestimmten Kristall unangenehme Reaktionen auf, so besteht kein Grund, diesen weiter festzuhalten. Manchmal ist eine solche Reaktion auf eine karmische Erinnerung an Kristallbenutzung (oder an Kristallmißbrauch) zurückzuführen. Der Betreffende verspürt in diesem Fall vielleicht den Wunsch, mit dem als unangenehm empfundenen Kristall über die Ursache dieser Reaktion zu meditieren.

Der unterbrochene Kreis

Auch diesmal sitzen die Teilnehmer im Kreis. In diesem Fall sind mindestens vier oder fünf Teilnehmer erforderlich. Jeder Teilnehmer hält einen Kristall, mit dem er sich wohlfühlt. In diesem Fall können auch persönliche Kristalle verwendet werden, da nur der Besitzer selbst mit seinem Kristall in Berührung kommt. Die Teilnehmer schließen die Augen und visualisieren einen Strom von Energie, der von einem Kristall zum nächsten fließt, entweder links oder rechts im Kreis herum. In vielen Fällen spüren die Teilnehmer einen eindeutigen Zug in Richtung des Energieflusses in ihrer Hand. Dann ersetzt der Leiter der Gruppe, der ebenfalls einen Kristall in der Hand hält, diesen durch einen Kristall aus einem anderen Material. Dies müßte entweder eine Unterbrechung des Energieflusses oder irgendeine Art von Veränderung bewirken. Die Teilnehmer werden gebeten anzuzeigen, wann sie eine energetische Veränderung wahrnehmen. Jedem steht es frei, die gespürte Veränderung zu beschreiben. Es ist interessant, zu beobachten, wie lange es dauert, bis jemand merkte, daß ein neuer Kristall hinzukam. In vielen Fällen wird dies fast sofort bemerkt. Ein besonders sensibler Teilnehmer kann möglicherweise sogar das neue Mineral benennen. Es darf natürlich keine visuellen Anhaltspunkte dafür geben, aus welchem Mineral der Ersatz besteht oder wann der Kristall ersetzt wird.

Die Unterscheidung zwischen reinen und unreinen Kristallen

Für diese Übung braucht man zwei Kristalle des gleichen Minerals (z. B. Amethyst). Der Workshopleiter geht mit beiden Kristallen an einen Platz, wo er von der Gruppe nicht gesehen werden kann. Einen der beiden Kristalle lädt er mit Hilfe der beschriebenen Programmiermethoden mit einer großen Menge negativer Energie auf. Den anderen Kristall reinigt er sorgfältig. Dann bringt er beide Kristalle zu den Teilnehmern zurück und legt sie im Abstand von ungefähr einem halben Meter zueinander auf einen Tisch. Die Gruppe wird aufgefordert zu fühlen, wie die beien Kristalle beschaffen sind.

Der Workshopleiter muß seinen Geist so leer wie möglich machen, um den Teilnehmern nicht telepathisch Anhaltspunkte zu geben. Die Übung kann mit Kristallen verschiedener Mineralien mehrmals wiederholt werden. Vergessen Sie auf keinen Fall, hinterher den »schmutzigen« Kristall zu reinigen.

Telepathie

Einige Leser sind möglicherweise schon mit verschiedenen Arten von telepathischen Experimenten vertraut. Wenn ja, so benutzen Sie einfach bei den Ihnen bekannten Methoden zusätzlich Kristalle. Wem dieser Bereich noch nicht vertraut ist, dem sei die folgende Übung besonders empfohlen.

Wenn Sie die Übung in einer Gruppe paarweise durchführen, so sollten Sie eine Serie von Symbolen benutzen, auf die die ganze Gruppe sich zuvor gemeinsam geeinigt hat. Fünf bis zehn Symbole sind ausreichend. Geometrische Figuren sind besonders geeignet, da sie keinerlei Interpretation erfordern. Es ist empfehlenswert, die genauen Formen aufzuzeichnen, entweder auf Karten oder auf eine Tafel, damit jeder Teilnehmer auch wirklich die gleichen Symbole benutzt. Ein Stern beispielsweise kann drei Spitzen haben oder so viele, wie in den verfügbaren Raum hineinpassen. Wenn also eines der benutzten Symbole ein Stern sein soll, so legen Sie vorher fest, ob es sich um einen fünfzackigen oder um einen sechszackigen Stern usw. handeln soll. Auch andere geometrische Formen wie Quadrate, Kreise, Rechtecke und Dreiecke (auch hier gibt es verschiedene Formen) können benutzt werden. Symbole wie Henkelkreuze, Kreuze oder andere Symbole, die eine spezielle Bedeutung haben, sollte man vermeiden.

Als nächstes wählen alle Teilnehmer einen Kristall aus, den sie bei dieser Übung verwenden wollen. Dazu sollte eine gewisse Auswahl zur Verfügung stehen. Außerdem sollten die verwendeten Kristalle sich miteinander im Einklang befinden.

Der persönliche Kristall eines Teilnehmers kann dann als »Sender« benutzt werden, der eines anderen als »Empfänger«, wobei allerdings zu beachten ist, daß dies keine »Sender« im technischen Sinne sind. Dieses Experiment kann von jeweils zwei Personen durchgeführt werden, der Gruppenleiter kann auch der gesamten Gruppe ein Bild senden und die Gruppe entscheiden lassen, um welches es sich handelte. In beiden Fällen ist es vielleicht hilfreich, den Kristall mit dem Kopf in Kontakt zu bringen. Der beste Ort ist gewöhnlich die Stirn, genauer gesagt die Stelle, wo sich das sogenannte »Dritte Auge« befindet. Wenn man dieses Experiment einmal mit und einmal ohne Kristalle durchführt, kann man prüfen, ob die Ergebnisse durch die Kristalle verbessert werden.

Einige Leute, die erfolgreich Kristalle als telepathische Kommunikatoren benutzt haben, sind der Ansicht, daß es sehr hilfreich ist, mit zwei Hälften eines Kristalls zu arbeiten. In diesem Fall sollte man den Kristall von einem Edelsteinschleifer zersägen lassen.

Psychometrie

Wie beim telepathischen Experiment wird auch hier ein Kristall mit einem Bild programmiert. Dann versucht ein anderer, es zu empfangen. In diesem Fall wird das Bild mit Hilfe der bekannten Programmiermethoden in den Kristall eingeprägt (auch diesmal sollte man zunächst einfache geometrische Formen benutzen). Dann wird der Kristall einem anderen Teilnehmer ausgehändigt oder auch mehreren nacheinander. Diese versuchen dann, durch Psychometrie das Bild aus dem Kristall zu lesen. Die gebräuchlichste Methode der Psychometrie besteht darin, das Objekt – in diesem Fall den Kristall – auf die Stirn an die Stelle des »Dritten Auges« zu legen und dann zu versuchen, das Bild zu »sehen«. Auch in diesem Fall wird empfohlen, die zur Verfügung stehenden Bilder von den Teilnehmern gemeinsam auswählen zu lassen. Wenn die Gruppe allerdings daran gewöhnt ist, mit telepathischen Bildern zu arbeiten, so kann auch ein beliebiges Bild benutzt werden.

Heilung durch Berührung

Wenn einer der Gruppenteilnehmer zufälligerweise mit den Methoden der Heilung durch Berührung vertraut ist, so kann diese Übung zeigen, welche Wirkungen es hat, Kristalle in die Aura zu plazieren. Bei der Anwendung dieser Technik ist darauf zu achten, daß der Kristall den Körper der Demonstrationsperson nicht berührt.

Dies unterscheidet sich von der üblichen Methode der Heilung durch Berührung, bei der ein bestimmter Energiepunkt entweder direkt unter Druck gesetzt oder massiert wird. Wie schnell Resultate eintreten, ist von Kristall zu Kristall verschieden.

Die beschriebenen Übungen zeigen, daß Sie eine Menge Informationen über Kristalle erhalten können, wenn Sie sich nur ein wenig mit ihnen beschäftigen. Erfinden Sie selbst weitere Übungen und Experimente! Lassen Sie sich dabei von Ihrer Imagination leiten.

13

Wie man Kristalle züchtet

Es ist ziemlich einfach, Kristalle selbst zu züchten. Diese Kristalle wachsen natürlich und sind mit den Voraussetzungen, die in Ihrer Wohnung gegeben sind, vollkommen zufrieden. Sie werden aus Wasserlösungen hergestellt und bilden sich bei Raumtemperatur. Der Vorgang ähnelt dem im 4. Kapitel beschriebenen, mit dem Unterschied, daß in den dort angeführten Fällen die »Lösung« aus geschmolzenem Gestein bestand.

Die Hilfsmittel, die Sie zur Züchtung der Kristalle brauchen, finden Sie in Ihrem Haushalt. Sie benötigen einen Kochtopf von etwa einem Liter Fassungsvermögen, eine flache Glasschale, z. B einen gläsernen Tortenteller, und ein Einmachglas, in das ein Liter paßt. Diese Behälter müssen sorgfältig gereinigt und anschließend ebenso sorgfältig getrocknet werden, damit sich kein Öl, Fett oder anderes Fremdmaterial mehr darin befindet.

Da die Kristalle in einer Wasserlösung gezüchtet werden, sollte das verwendete Wasser so rein wie möglich sein. Oft ist in Drogerien destilliertes Wasser erhältlich, beispielsweise zur Verwendung in Dampfbügeleisen. Auch kohlensäurefreies Quellwasser mit niedrigem Mineralgehalt ist brauchbar. Wenn jedoch beides nicht zu haben ist, erfüllt auch gewöhnliches Leitungswasser den Zweck, obgleich die im Leitungswasser befindlichen Chemikalien und Mineralien die Kristallisation beeinflussen können.

Chemikalien, mit denen Sie wundervolle Kristalle erzeugen können, sind am Ende dieses Kapitels aufgelistet. Einige davon sind giftig, und man sollte sie nicht an Orten aufbewahren, wo Nahrungsmittel gelagert oder zubereitet werden. Alle Behälter, die Sie zur Aufbewahrung der Chemikalien benutzen, sollten Sie nach jedem Gebrauch zwei- bis dreimal sorgfältig auswaschen. Außerdem ist natürlich all dies von Kindern fernzuhalten, die gewöhnlich von dem ganzen Prozeß höchst fasziniert sind und ja bekanntlich oft Dinge, die sie mögen, in den Mund stecken wollen. Diese Gefahren sollten Sie allerdings auch nicht abhalten, da die meisten der aufgeführten Chemikalien harmlos sind und man ausgezeichnete Resultate damit erzielen kann.

Die Lösung, die wir zunächst zubereiten müssen, wird gesättigte Lösung genannt, was bedeutet, daß das Wasser die höchstmögliche Menge einer festen Chemikalie in sich aufgenommen hat. Wenn das Wasser verdampft, wird ein Teil der aufgelösten Chemikalie wieder freigesetzt, und genau dadurch bilden sich Kristalle.

Zunächst wird der Kochtopf mit Wasser gefüllt und dieses solange erhitzt, bis es warm wird. Das Wasser braucht nicht zu kochen, vielmehr sollte die Temperatur etwas über der jeweiligen Raumtemperatur liegen. Nachdem Sie das Wasser erwärmt haben, fangen Sie an, kleine Mengen der gewählten Chemikalie hineinzurühren. Das Wasser muß ständig umgerührt werden, damit das feste Material sich vollständig auflöst, und Sie müssen so lange weiteres hinzufügen, bis es vom Wasser nicht mehr aufgenommen wird. Wenn sich dann ein Rückstand am Boden ablagert, so ist *Phase I* beendet.

Phase II besteht darin, den Topf ohne weiteres Erhitzen zehn bis fünfzehn Minuten lang stehenzulassen. Dies gewährleistet, daß sich tatsächlich soviel festes Material wie möglich auflöst. Das restliche, nicht aufgelöste Material setzt sich am Boden des Topfes ab.

In *Phase III* schütten Sie 1 bis 2 cm der Lösung aus dem Topf in die flache Glasschale. Stellen Sie diese dann an einen staubfreien Ort. Außerdem sollte es sich um einen Platz handeln, wo eventuell vorhandene Haustiere mit Sicherheit nicht davon trinken werden. Schütten Sie dann den Rest der Lösung vorsichtig aus dem Topf in das Einmachglas und schließen Sie dieses fest ab.

Nach wenigen Tagen bilden sich am Boden der Glasschale Kristalle, die so lange wachsen sollten, bis sie ungefähr 5 mm

Abb. 128: Kristallkeime bilden sich in einer Glasschale

Durchmesser erreicht haben oder bis sie anfangen, miteinander zu verwachsen. Wenn die Kristalle die gewünschte Größe erreicht haben, können Sie zur nächsten Phase übergehen.

Für *Phase IV* benötigen wir noch einmal den Topf. Gießen Sie nun vorsichtig die in der Glasschale noch verbliebene Flüssigkeit in den Ausguß, jedoch möglichst, ohne die Kristalle auf dem Boden der Schale zu bewegen. Anschließend füllen Sie wieder einen Zentimeter frisches Wasser in die Schale. Auch dieses Wasser kann sofort ausgegossen werden; es hat nur dazu gedient, die Kristalle auf dem Grund der Schale zu waschen. Lassen Sie die Kristalle nun an der Luft trocknen. Es ist äußerst wichtig, sie so rein wie möglich zu halten und sie nicht anzufassen (wozu Sie sich versucht fühlen mögen). Einer dieser Kristalle wird den Kristallkeim für den größeren Kristall bilden, den Sie im Einmachglas züchten werden.

Nachdem die Kristalle getrocknet sind, waschen Sie sorgfältig Ihre Hände, um soviel körpereigenes Fett wie möglich davon zu entfernen. Dann suchen Sie unter den auf dem Boden der Schale entstandenen Kristallen den größten und schönsten aus. Wenn möglich, versuchen Sie einen zu finden, der nicht mit anderen Kristallen verwachsen ist. Schlingen Sie um den von Ihnen gewählten Kristallkeim einen weißen Baumwollfaden und binden Sie einen Knoten. Es kann sein, daß dies erst nach mehreren Versuchen gelingt. Wenn es sich als unmöglich erweist, so wählen Sie einen anderen Kristallkeim aus, der eine hierfür geeignetere Form hat.

Jetzt kehren wir zu der Lösung im Einweckglas zurück, die Sie vor einigen Tagen beiseitegestellt haben. Obgleich das Glas verschlossen war, haben sich wahrscheinlich infolge der Abkühlung der Lösung auf dem Boden kleine Kristalle gebildet. Schütten Sie sorgfältig den Inhalt des Glases in den gereinigten Topf, wobei Sie darauf achten müssen, daß sich die Kristalle auf dem Boden des Glases nicht bewegen. Wenn diese Kristalle dort blieben, würden diese zusätzlichen Kristallisationsflächen das Wachstum Ihres Kristallkeims erheblich verlangsamen. Nachdem Sie die Flüssigkeit aus dem Einmachglas entfernt haben, schütten Sie die zurückgebliebenen Kristalle in den Ausguß und waschen danach das Glas sorgfältig mit Wasser aus. Dies garantiert einen völlig neuen Anfang. Gießen Sie nun den Inhalt des Topfes wieder in das Einmachglas zurück und messen Sie ab, wie lang der Baumwollfaden sein muß, damit der Kristallkeim etwa 4,5 cm über dem Boden des Behälters hängt. Binden Sie den Baumwollfaden um einen Stift und legen Sie diesen Stift über die Öffnung des Einmachglases, damit der Kristallkeim in der verbleibenden Flüssigkeit hängt (siehe Abb. 129).

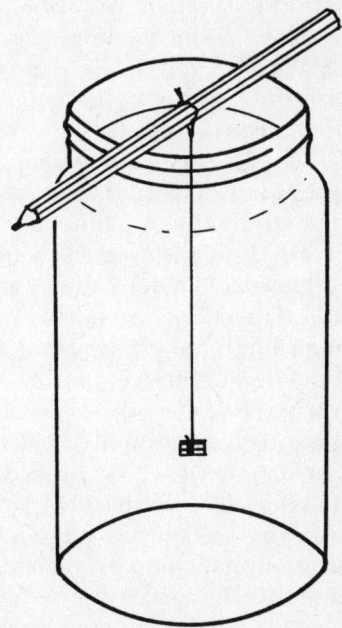

Abb. 129: Kristallkeim, der in einem
Einmachglas hängt

In der letzten Phase verschließen Sie die Öffnung des Glases mit Mull oder einem anderen Material, damit das im Glas befindliche Wasser verdunsten kann, gleichzeitig aber Staub und andere Luftverunreinigungen ferngehalten werden. Ideal zur Aufbewahrung dieses Einmachglases ist ein Ort mit gleichbleibender Temperatur, etwa ein Trockenschrank, oder, wenn Sie eine Zentralheizung haben, ein Raum, in dem die Temperatur ständig gleich bleibt. Alle größeren Temperaturschwankungen verursachen unregelmäßiges Kristallwachstum. Da das Wasser im Einmachglas verdunsten soll, damit feste Chemikalien für das Kristallwachstum zur Verfügung stehen, gedeiht ein Kristall besser in einem warmen als in einem kalten Raum.

Schon innerhalb weniger Tage werden Sie Resultate beobachten können, und obgleich es einen Monat oder länger dauern kann, einen Kristall von 2,5 cm Größe zu züchten, werden Sie über die täglichen Fortschritte Ihres Kristalls staunen. Der Glasbehälter sollte an einem Ort stehen, wo Sie ihn nicht von der Stelle bewegen müssen, um das Wachstum des Kristalls beobachten zu können. Je weniger der Behälter während des Wachstumsprozesses bewegt wird, um so besser. Außerdem wird der Kristall um so vollkommener wachsen, je konstanter die äußeren Bedingungen sind. Sie werden bemerken, daß der Kristall mit zunehmender Größe immer unvollkommener wird. Nun wissen Sie sicher auch die Prozesse besser zu würdigen, die in der Natur stattfinden, wenn große, wohlgeformte Kristalle entstehen!

Um Kristalle zu züchten, die größer als etwa 2,5 cm sind, könnte es sich als notwendig erweisen, eine zweite Lösung vorzubereiten und die erste nach einer Weile zu ersetzen, wenn sie stark an Volumen abgenommen hat. Sollten Sie sich hierzu entschließen, so vermeiden Sie unbedingt, den Kristall während des Wechselns der Lösung zu berühren, da schon die geringste Spur von Fett an Ihren Fingern Unregelmäßigkeiten im Kristallwachstum verursacht. Sie brauchen den Kristall nur mit Hilfe des Stiftes aus dem Glas zu heben, ihn irgendwo anders sicher aufzuhängen, z. B. in einem anderen leeren Glas. Wie in *Phase I* beschrieben bereiten Sie dann eine neue Lösung zu, lassen sie auf Raumtemperatur abkühlen und schütten sie in das gereinigte Glas, in dem der Kristall wachsen soll. Je größer der Kristall wird, um so langsamer wächst er, da für größere Oberflächen größere Mengen von Atomen erforderlich sind.

Wenn der Kristall die gewünschte Größe erreicht hat, so nehmen Sie ihn aus der Lösung heraus, waschen ihn ein paar Sekunden lang in kaltem Wasser (heißes Wasser würde den Kristall teilweise wieder auflösen!), und trocknen ihn dann mit einem Papierhandtuch ab. Anschließend müssen Sie noch den Baumwollfaden abschneiden. Denken Sie daran, daß Ihr Kristall in Wasser löslich ist und daher an einem trockenen Ort aufbewahrt werden muß. Außerdem ist ein auf diese Art entstandener Kristall leicht zu zerkratzen und auch ziemlich brüchig. Er ist zwar stark genug für normalen Gebrauch, doch würde er es kaum überstehen, wenn er auf eine harte Oberfläche fiele.

Wollen Sie gleichzeitig mehrere Kristalle züchten, so verwenden Sie einfach eine größere Lösungsmenge und benutzen Sie mehrere Einmachgläser gleichzeitig, in die Sie je einen Kristallkeim hängen. Züchten Sie möglichst immer nur einen Kristall pro Glas. Befinden sich mehrere Kristalle im gleichen Glas, so dauert der Wachstumsprozeß erheblich länger, und die entstehenden Kristalle sind oft wesentlich unvollkommener geformt.

Wollen Sie den Kristall während seines Wachstums programmieren, so benutzen Sie dazu eine der Methoden, die im 8. Kapitel beschrieben wurden. Entschließen Sie sich jedoch dazu, andere Kristalle zum Programmieren der gezüchteten zu verwenden, so können Sie diese »Hilfskristalle« in den gleichen Behälter legen. Wenn ein solcher »Hilfskristall« nicht wasserlöslich ist, was meist nicht der Fall ist, ist es völlig ungefährlich, ihn in die Lösung zu legen. Sie sollten ihn jedoch zuvor waschen, da schon geringste Mengen von Fett oder Staub in der Lösung Unregelmäßigkeiten im Wachstum des gezüchteten Kristalls erzeugen können.

Folgende Chemikalien sind zur Züchtung von Kristallen zu empfehlen:

1. *Alaun* – aus diesem Material sind relativ leicht wunderschöne oktaedrische Kristalle zu züchten. Es ist ungiftig.

Man verwendet es zum Einlegen von Gurken und ähnlichem.

2. *Rochelle-Salz* – bildet längliche, farblose Kristalle, die oft eine erstaunliche prismatische Form annehmen (ungiftig).

3. *Zucker* – diese Kristalle sind sehr leicht zu züchten, doch entsteht beim Zucker anstatt eines einzigen Kristalls oft eine Kette von Kristallen, die am Baumwollfaden entlang wachsen.

4. *Kupfersulfat* (blaues Vitriol) – dieses Material ist *hochgiftig,* doch wenn Sie sorgfältig damit umgehen, bildet es wundervolle blaue Kristalle.

5. *Kalium-Eisenzyanid* – *giftig*. Bildet wunderschöne zitronengelbe Kristalle.

6. *Kalium-Ferrizyanid* – *giftig*. Bildet rubinrote Kristalle.

Wenn Sie die Zucker- oder Alaunkristalle färben wollen, so erreichen Sie mit einem Tropfen roter Tinte oder Speisefarbe den gewünschten Effekt.

Viele Leser werden gegen das Züchten von Kristallen einwenden, daß diese nicht in einer natürlichen Umgebung gewachsen sind. Dazu ist zu sagen, daß diese Kristalle sicherlich natürliche Kristalle nicht ersetzen können. Sie sollen vielmehr den Kristallbenutzer zu einer größeren Wertschätzung der natürlichen Prozesse anregen.

Selbst wenn nur ein oder zwei Kristalle gezüchtet werden, ist es wichtig, daß der Züchter soviel natürliche Energie wie möglich in den wachsenden Kristall hineingrogrammiert. Wenn der Kristall sich schließlich immer noch nicht »richtig« anfühlt, so kann man ihn jederzeit wieder auflösen und in den Ausguß schütten.

Mit solchen Kristallen zu meditieren, während sie wachsen, kann sehr lohnend für uns sein, da wir hier eine Gelegenheit haben, uns mit dem Elementarwesen des Kristalls während seines Schöpfungsakts zu verbinden. Dies kann außerdem zu größerem Einblick in die Natur der Materie selbst verhelfen, wodurch sich auch unsere Einsicht in unser eigenes Inneres vertieft – denn dieses ist ebenfalls eine Synthese von Materie und Geist. Wir sind Vettern der Kristalle.

Weitere Informationen

Einzelheiten über Workshops und Vorträge in aller Welt sind zu erfahren bei (bitte einen an Sie adressierten Umschlag und internationale Antwortscheine beilegen):

Shambhala Limited
10 South Molton Street
London W 1.

Register

David V. Tansley

Energiekörper

96 Seiten mit 122 zum Teil farbigen Abbildungen.
Kartoniert

Das Interesse an unserem Energiekörper, an Auras
und Chakras und deren Bedeutung für unsere Ge-
sundheit und spirituelle Entwicklung wächst ständig. Dieses reich illustrierte Buch faßt das Wissen
über den »subtle body«, unseren – dem normalen
Auge unsichtbaren – feinstofflichen Leib, von den
alten Priester-Heilern bis heute verständlich und
anschaulich zusammen.

Seit Jahrtausenden glauben Menschen daran, daß
ihre physische Form ein projiziertes Bild ihres feinstofflichen Körpers ist. Der Autor zeigt, daß durch
beständige Übung und Meditation die Fähigkeit
zum schöpferischen Umgang mit den Kräften der
Natur entstehen kann, und wie sie eingesetzt wird,
um diese Energien zu kontrollieren und sie durch
die Kanäle der feinstofflichen Körper zu leiten –
zum Zweck der Höherentwicklung, des Selbstaus-
drucks oder des Heilens.

In einem einführenden Essay erklärt David Tansley, was wir uns unter dem Energiekörper im einzelnen vorzustellen haben. Auf einen Bildteil mit über-
wiegend farbigen Tafeln folgen illustrierte Darstellungen zu 15 Einzelthemen. Hier sind Fragen im
Grenzbereich zur Wissenschaft ebenso einbezogen
wie praktische Probleme des Heilens, das aktuelle
Thema der Bewußtseinsentwicklung sowie spirituelle Aspekte des Energiekörpers.

Kösel-Verlag · München